Claudia Schulte zur Surlage

Kaufmann/Kauffrau für Büromanagement

Lerntrainer Wahlqualifikation Modul Marketing & Vertrieb
– mit Übungen für die Fachaufgaben –

Bestell-Nr. 2315

u-form Verlag · Hermann Ullrich GmbH & Co. KG

Deine Meinung ist uns wichtig!

Du hast Fragen, Anregungen oder Kritik zu diesem Produkt?
Das u-form Team steht dir gerne Rede und Antwort.
Einfach eine kurze E-Mail an **feedback@u-form.de**

6. Auflage 2025 · ISBN 978-3-95532-315-8

© u-form Verlag | Hermann Ullrich GmbH & Co. KG
Cronenberger Straße 58 | 42651 Solingen
Telefon: 0212 22207-0 | Telefax: 0212 22207-63
Internet: www.u-form.de | E-Mail: uform@u-form.de

Alle Rechte liegen beim Verlag bzw. sind der Verwertungsgesellschaft Wort, Untere Weidenstraße 5, 81543 München, Telefon 089 514120, zur treuhänderischen Wahrnehmung überlassen. Damit ist jegliche Verbreitung und Vervielfältigung dieses Werkes – durch welches Medium auch immer – untersagt.

Inhalt

Vorwort 5
Lernen mit Freunden 6
Hilfe für den Report 7
Sieger sein! Persönliche Kompetenzen 8
Einführung Marketing & Vertrieb 9

1. **Fit in allen Marketingaktivitäten**
   1.1 Instrumente der Marktbeobachtung und -analyse nutzen 11
   1.2 An der Entwicklung der Marketingmaßnahmen mitwirken 59
   1.3 Ressourcen planen und organisieren und Kosten ermitteln 81
   1.4 Bei der Durchführung der Marketingmaßnahmen mitwirken und diese dokumentieren 93
   1.5 Aktivitäten hinsichtlich Zeit, Wirtschaftlichkeit und Qualität überwachen 98
   1.6 Wirkungen der Marketingmaßnahmen feststellen und Verbesserungsvorschläge entwickeln 106

2. **Fit im Vertrieb der Dienstleistungen und Produkte**
   2.1 Kundendaten und -informationen nutzen 114
   2.2 Vertriebsformen berücksichtigen 117
   2.3 Situation des Kunden analysieren, Bedarf feststellen, kundengerechte Lösungsvorschläge entwickeln, Angebote unterbreiten 122
   2.4 Verträge und Vertragsverhandlungen vorbereiten und an Vertragsabschlüssen mitarbeiten 137
   2.5 Erfüllung der Verträge überwachen, bei Abweichungen Maßnahmen einleiten 139

3. **Fit in der Kundenbetreuung und der Kundenbindung**
   3.1 Kundenbeziehungen unter Berücksichtigung betrieblicher Vorgaben gestalten 142
   3.2 Maßnahmen der Kundenbindung und -betreuung umsetzen 149
   3.3 Beschwerden entgegennehmen und Maßnahmen des Beschwerdemanagements umsetzen 154
   3.4 Kundenzufriedenheit ermitteln, Maßnahmen vorschlagen 165

Anhang
Fit für die Prüfung 171
Abkürzungsverzeichnis 173
Fremdwörterlexikon 173

Lösungen 175

Verzeichnis der Übungen

Übung 1	Marketingziele, Produktpolitik und Sortiment	18
Übung 2	Marketinginstrumente	19
Übung 3	Markteinführung neuer Produkte	22
Übung 4	Markt-Situation	32
Übung 5	Vertriebsart	36
Übung 6	Umsatzrückgang	36
Übung 7	Fragebogen	43
Übung 8	Befragung	44
Übung 9	Absatzprognose	46
Übung 10	Zahlen zur Absatzsteigerung	48
Übung 11	Preis- und Produktstrategie	52
Übung 12	Zielgruppenanalyse	67
Übung 13	Online-Kampagne	74
Übung 14	Übersicht zum Online-Marketing	77
Übung 15	SWOT-Analyse	83
Übung 16	Deckungsbeitrag	90
Übung 17	Gewinnschwelle	92
Übung 18	Couponing	94
Übung 19	PR	97
Übung 20	EFQM-Modell	105
Übung 21	Copytest Plakatentwurf	112
Übung 22	Kunden- und Produktnutzen	125
Übung 23	Mitarbeitercoaching	129
Übung 24	Reklamationsquote	170

ACHTUNG!

Zusatzinfos und Report-Leitfäden kannst du hier herunterladen:

www.u-form.de/addons/2315-2025.zip

Vorwort

Im Vorteil!

Immer einen Schritt voraus – das ist die beste Marketingstrategie für ein Unternehmen und auch für Dich, den Blick zielgerichtet auf die Prüfung gelenkt.

Mit diesem Modulheft hast Du die Nase weit vorn. Du vertiefst und wiederholst das nötige Fachwissen für die Wahlqualifikation „Marketing und Vertrieb", um auch vor der IHK als Gewinner dazustehen. Wettbewerbsvorteil nennt sich das!

Du profitierst von u-form PLUS:

- **Tipp:** Prüfungswissen
- **Nutzen:** Report-Leitfäden
- **Praxis:** Übungen

Am Ende wirst Du keine Probleme haben, ein geeignetes Thema für einen Report zu finden oder eine der beiden praxisbezogenen Aufgaben zu lösen, die Du in der klassischen Prüfungsvariante zur Auswahl erhältst. Entweder der Report oder die Fachaufgabe bildet die Grundlage für das Fachgespräch der mündlichen Prüfung.

Ausgestattet mit nützlichem Wissen und der Fähigkeit kreative Lösungen zu entwickeln, wirst Du darüber hinaus als Experte/Expertin für Marketing und Vertrieb im Berufsalltag ein kompetenter Ansprechpartner sein.

CHECK

Basis-Prüfungswissen findest Du in den **Lernkarten PLUS**, Bestell-Nr. 2304 und in den **Lernkarten Abschlussprüfung**, Bestell-Nr. 2300.

Vorwort

Hallo!   Im Team lernt es sich leichter

Lea

Kevin

Hannah

Emir

PRIMA Kölsch, Privatbrauerei GmbH & Co. OHG mit Azubi Lea De Luca

Lila Lounge GmbH, Möbelhersteller mit Azubi Kevin Grabowski

Lampen Himmel GmbH & Co. KG, Groß- und Einzelhandel mit Azubi Hannah Meyer

Second Sight Ltd. Internationale Marketing Agentur mit Azubi Emir Birol

Liebe Auszubildende, lieber Auszubildender,

wir Vier sind fast am Ende unserer Ausbildung zum Kaufmann und zur Kauffrau für Büromanagement angelangt und immer wieder ist es ein bisschen wie in einem Krimi. Zusammen laufen wir jetzt in die Zielgerade ein und es wird noch einmal richtig spannend. Die Abschlussprüfung ist in Sichtweite und wir bereiten uns auf die Wahlqualifikationen vor. Als einen Bereich haben wir Marketing und Vertrieb gewählt.

Wir begleiten Dich durch diesen Lerntrainer und unsere Ausbildungsbetriebe dienen Dir als Musterfirmen für zahlreiche Übungen. Sie helfen Dir, eine der zwei Fachaufgaben in der Prüfung zu lösen und die Fragen der Prüfer zu beantworten! Darüber hinaus findest Du in den Downloads zwei „Muster-Aufbauanleitungen" als Leitfäden für Deinen Report. Außerdem findest Du Nützliches für den Berufsalltag und unsere Prüfungstipps. Dennoch hast Du sicher Lampenfieber – wir ebenso! Das gehört dazu. Aber als Lerngruppe stehen wir nicht allein da und machen uns gegenseitig Mut. Vielleicht findest Du auch einige Schulfreunde, mit denen Du Dich regelmäßig treffen kannst: zum Abfragen, um Übungen durchzugehen und zum Chillen. Letzteres ist Hannahs Lieblingsteil. Sie ist überzeugt: Pausen müssen auch sein.

Alle Personen, Unternehmen und Handlungen im Text sind frei erfunden. Eventuelle Ähnlichkeiten mit realen Personen sind rein zufällig.

Vorwort

Also, starten wir mit dem Training. Gehen wir Schritt für Schritt vor, damit uns nicht auf den letzten Metern die Puste ausgeht. Am Tag der Prüfung müssen wir darauf vorbereitet sein, dass wir nicht nur gelerntes Wissen wiedergeben, sondern selbstbewusst und kompetent auftreten. Gerade im Marketing sind starke Persönlichkeiten gefragt.

Zusammen schaffen wir das! Viel Glück von

Lea, Kevin, Hannah und Emir

Hilfe für den Report in Marketing und Vertrieb

Du hast Dich für die mündliche Prüfung für das Modell **„Report"** entschieden? Dann schreibst Du in jeder Deiner Wahlqualifikationen einen dreiseitigen Report. Du musst zwei **individuelle Themen** finden, eins aus jeder WQ, und den Ablauf einer tatsächlich durchgeführten, **betrieblichen Aufgabe** schildern.

Die Prüfer wählen eins der beiden Themen aus, über das sie dann das Fachgespräch führen werden. Das können für **Marketing und Vertrieb** zum Beispiel Arbeiten aus den Bereichen „Kundenzufriedenheit (mit Analyse der Servicequalität)", „Werbeplan", „Beschwerdemanagement (mit Kosten-Nutzen-Rechnung)", „Vertriebswege" oder „Produktlebenszyklus" sein.

> Deine eigene kreative Leistung kann Dir keiner abnehmen, aber die u-form **Report-Leitfäden** vereinfachen die Sache!
>
> Hier herunterladen: www.u-form.de/addons/2315-2025.zip

Sieger sein! Persönliche Kompetenzen

Fit in Marketing und Vertrieb

Organisationstalent, Ideenreichtum und ein überzeugendes Auftreten ist bei der Arbeit im Marketing oder Vertrieb das A und O. Wie in keinem anderen Bereich zählen eine eloquente Persönlichkeit, Fantasie und fundierte Argumente, um eine Kampagne zu entwerfen. Wer über persönliche Kompetenzen verfügt, wird in diesem Fachbereich unschlagbar.

Selbstsicherheit	Wünsche äußern und klar formulieren • sicher auftreten
Entscheidungsfähigkeit	spontan und eindeutig festlegen, was zu tun ist • zügig über eine Sache bestimmen
Eigeninitiative	aus eigenem Antrieb heraus handeln • motiviert sein, etwas selbst zu gestalten
Selbstmanagement	gesetzte Ziele erreichen • vorhandene Zeit durch geschickte Planung sinnvoll nutzen
Stressbewältigung	ohne Druck und Mühe arbeiten • belastende Situationen sachlich lösen
Handlungskompetenz	Fachwissen und Selbstbewusstsein besitzen • sich sozial angemessenen verhalten
Zielstrebigkeit	Ziele definieren (= festlegen) • auf Ziele hinarbeiten
Ordnung	„ist das halbe Leben" • ergonomische Anordnung am Arbeitsplatz • in der Buchhaltung
Kommunikationsstärke	Kommunikationsstörungen vermeiden • Konflikte lösen
Krisenmanagement	mit Tiefschlägen rechnen • mit Niederlagen fertigwerden
Persönlichkeitsanalyse	persönliche Ziele definieren • überlegen, wo man in zehn Jahren stehen möchte
Zeitmanagement	Zeitplanung und Überblick behalten • Prioritäten setzen
Kreativität	Einfallsreichtum und innovative Ideen • mit außergewöhnlichen Aktionen auffallen

Die drei großen Bereiche des Marketings und Vertriebs

Marketingaktivitäten • Vertrieb der Dienstleistungen und Produkte • Kundenbindung und Kundenbetreuung

Immer am Ball

Lea, Kevin, Hannah und Emir haben sich für die WQ Marketing und Vertrieb entschieden und sind sich einig, sie wollen immer eine Nasenlänge voraus sein. Sie spüren auf, was auf dem Markt los ist, welche Bedürfnisse existieren und wie sie die Kunden mit einem unschlagbaren Marketing für ihre Produkte begeistern können.

Marketingmaßnahmen sind jedoch nur das eine, Vertrieb und Kundenbindung das andere. Gemeinsam bilden sie die drei großen Bereiche des Marketings und Vertriebs:

1. Marketingaktivitäten
2. Vertrieb der Dienstleistungen und Produkte
3. Kundenbindung und Kundenbetreuung

Die Konkurrenz auf den Märkten ist groß, ebenso wie die Aufgabe, möglichst viele Menschen davon zu überzeugen: Ihr müsst mein Produkt kaufen. Anlocken, einfangen und nicht mehr loslassen lautet die Strategie.

Kapitel um Kapitel steigst Du tiefer ins Thema ein und wirst sehen, Marketing ist viel mehr als Werbung: Es ist das Herz einer Firma, eine allumfassende Beschreibung einer unternehmerischen Struktur mit einem bestimmten Planungs- und Handlungskonzept, das als energiegeladenes Fluid in jede Zelle des Unternehmens hineinfließt.

Wer in der Marketing-Liga oben mitspielt ist:
- kreativ
- anders
- neuartig
- erinnerungswürdig
- nicht zu kopieren
- vernetzt
- ein Slogan-Künstler

Die drei großen Bereiche des Marketings und Vertriebs

Marketingaktivitäten • Vertrieb der Dienstleistungen und Produkte • Kundenbindung und Kundenbetreuung

Einleitung

1. Fit in allen Marketingaktivitäten
1.1 Marktbeobachtung und -analyse

Marketingaktivitäten

Andersartigkeit in der Präsentation macht ein Produkt zu etwas Besonderem. Die eine Schokoladenpraline ist nicht einfach nur gefüllte Schokolade, sondern ein Küsschen, eine andere Schokolade ist lila, die nächste lockt mit einer Extraportion Milch. Ohne eine Marke zu benennen, weiß Du vermutlich genau, um welche Schokoladengenüsse es hier geht. Genau darauf kommt es an. Die Unternehmen schaffen eine Besonderheit, indem sie ihren Produkten ein außergewöhnliches Merkmal verpassen, wodurch sie sich von den anderen Anbietern abheben.

Bis so eine Kampagne steht und alle umhaut, rauchen die Köpfe der Marketingexperten. Sie sind in allen Bereichen aktiv geworden, die zu den zahlreichen Marketingaktivitäten zählen und die auch für die Auszubildenden in der Prüfung wichtig sind.

1.1 Instrumente der Marktbeobachtung und -analyse nutzen und dabei Mitbewerber sowie Marktentwicklungen beobachten

1.2 An der Entwicklung der Marketingmaßnahmen mitwirken

1.3 Ressourcen planen und organisieren und Kosten ermitteln

1.4 Bei der Durchführung der Marketingmaßnahmen, insbesondere der Verkaufsförderung, mitwirken und diese Maßnahmen dokumentieren

1.5 Aktivitäten hinsichtlich Zeit, Wirtschaftlichkeit und Qualität überwachen und gegebenenfalls gegensteuern

1.6 Wirkungen der Marketingmaßnahmen feststellen und Verbesserungsvorschläge entwickeln

1. **Fit in allen Marketingaktivitäten**
1.1 Marktbeobachtung und -analyse

Einleitung
Marketingziele

Vor Ideen sprühen

Ein Kopf voller Ideen, mit den benötigten Methoden an der Hand, macht einen Marketingprofi aus. Die Werkzeuge sind im Zusammenspiel zahlreicher Marketingaktivitäten, dem Marketingmix und im strategischen Management zu finden. Über allem stehen die **Marketing- und Vertriebsziele**: Größerer Marktanteil, Markenbekanntheit, höherer Umsatz, mehr Kunden, steigender Absatz. Diese Ziele gilt es mit vollem Einsatz zu verfolgen.

Vielleicht hast Du im Lauf Deiner Ausbildung schon Ideen für einen Report gesammelt oder Dir nach einer erledigten betrieblichen Aufgabe Notizen gemacht. Das hilft Dir jetzt! Mögliche Aufgabenstellungen sollen die Schritte Planung, Durchführung und Begründung, Rahmenbedingungen und Bewertung sowie Kontrolle des Ergebnisses berücksichtigen.

Hier ist Platz für Deine Notizen.

Die 4 Marketinginstrumente
Product • Price • Place • Promotion

1. Fit in allen Marketingaktivitäten
1.1 Marktbeobachtung und -analyse

Mit Pauken und Trompeten

Ein Musikinstrument wandelt eine Note in einen wohlklingenden Ton um – ein Marketinginstrument macht aus einem Produkt einen Verkaufsschlager. Dafür setzen Marketingfachleute ein ganzes „Absatz-Orchester" ein, die 4 P's. Diese stehen für **Product**, **Price**, **Place** und **Promotion**.

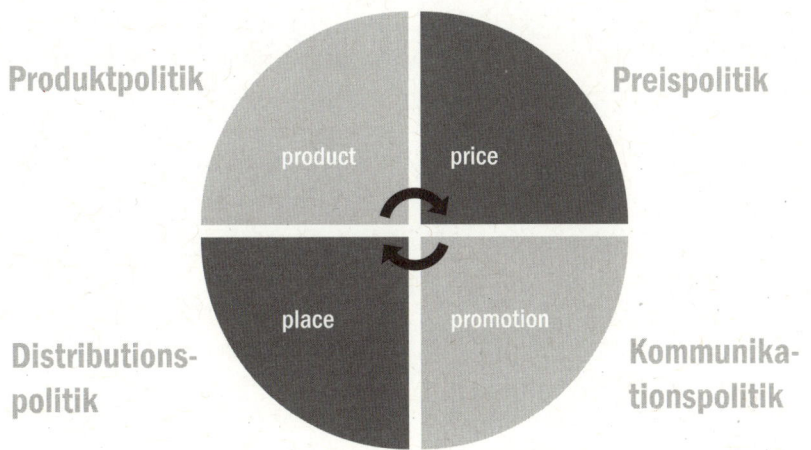

Das Zusammenspiel dieser vier Instrumente dient der Umsetzung eines Plans in eine Aktion. Es handelt sich um den **Marketingmix**.

Prüfungstipp von Lea

Produktpolitik:
⇨ Entscheidung für oder gegen ein Produkt, Beschreibung der Produkte bzw. des Sortiments, ergänzende Dienstleistungen, Menge

Preispolitik:
⇨ Kalkulation, Kostendeckung, Preisdifferenzierung, Preisvariation, Abhängigkeit von Marktform und Produktlebenszyklus

Kommunikationspolitik:
⇨ Informationen über ein Produkt und Bewerbung der Marke, Präsentation eines Unternehmens

Distributionspolitik:
⇨ Absatzkanal: direkt oder indirekt, Multichannel, E-Commerce

1. Fit in allen Marketingaktivitäten
1.1 Marktbeobachtung und -analyse

Die 4 Marketinginstrumente
Marketingziele

Mit Sinn und Verstand

Kevin ist ein Ass auf der Gitarre und in den Lernpausen schlägt er manchmal ein paar Saiten an. Die anderen drei finden es cool und können dabei entspannen. Hier ist der Nutzen klar. Aber was bringen Einsatz und Zusammenspiel der Marketinginstrumente?

Erst der gemeinsame Auftritt aller Marketinginstrumente bildet eine Basis, auf der sämtliche Handlungen eines Unternehmens beruhen und verhilft diesem zu einem überzeugenden Marketingauftritt. Dieses Konzept verfolgt sowohl quantitative als auch qualitative Ziele.

Prüfungstipp von Hannah

Strategische Marketingziele:
⇒ langfristig
⇒ zukunftsorientiert
⇒ von elementarer Bedeutung
⇒ Erschließung neuer Märkte
⇒ Erreichung neuer Zielgruppen

Operative Marketingziele
(auch taktische Marketingziele):
⇒ kurzfristig
⇒ sofortiger Verkauf
⇒ zeitlich auf das strategische Marketing folgend

Quantitative Marketingziele:	**Qualitative** Marketingziele:
Umsatz	Service
Gewinn	Qualität
Deckungsbeitrag	Image
Kosten	Bekanntheit
Wachstum	Kundenloyalität
Marktanteile	psychologische Ziele

Als Erstes ist zu entscheiden, mit welchem Produkt oder mit welchen **Produkten** diese Ziele in Angriff zu nehmen sind, als Zweites, zu welchem **Preis** und dann, mit welcher **Distribution** und mit welcher **Kommunikation**. Die vier Punkte werden im Folgenden näher betrachtet.

Die 4 Marketinginstrumente
Produktpolitik: Produktinnovation • Produktdiversifikation

1. **Fit in allen Marketingaktivitäten**
1.1 Marktbeobachtung und -analyse

Erstens: Das Produkt – The product

Die *PRIMA Kölsch Privatbrauerei GmbH & Co. OHG* hat gerade mit mächtigem Marketinggetöse zwei neue Biermischgetränke auf den Markt gefeuert. Trotz aller Prognosen steht der Erfolg in den Sternen. Ein Konkurrent kann unerwartet mit einem ähnlichen Produkt zu einem niedrigeren Preis in Erscheinung treten oder unvorhergesehene qualitative Mängel tauchen auf.

Dennoch, jeder Unternehmer, ob Produzent oder Händler, trifft eine grundsätzliche Entscheidung, welche Produkte er anbieten will. Mit der Produktwahl hat er drei Absichten: A) die vorhandenen Nachfrager bedienen, B) darüber hinaus Nachfrage schaffen und C) sich von der Konkurrenz abheben. Dazu bedient er sich der Maßnahmen der Produktpolitik: Innovation, Diversifikation, Differenzierung, Modifikation oder Variation und Eliminierung.

Produktinnovation

Ein neues Produkt entsteht aus einer Idee heraus, diese wird einer Prüfung und Bewertung unterzogen, woraufhin das Produkt möglicherweise in die Entwicklung und nach erfolgreich absolvierten Tests auf den Markt geht.

Beispiele: Smartwatches, Flutlichtdrohnen, Mikrowellenpommes

Produktdiversifikation

Horizontale Diversifikation beschreibt die Erweiterung eines Produktprogramms um nah verwandte Produkte. Vertikal meint den zusätzlichen Verkauf ähnlicher Produkte, lateral die Aufnahme neuer Produktgruppen für neue Märkte, die sich nicht mehr ähneln.

Beispiele: Horizontal: Eine Brauerei produziert außer Bier auch Biermischgetränke.
Vertikal: Eine Metzgerei verkauft zusätzlich Nudeln, Saucen und saure Gurken.
Lateral: Eine Tankstelle bietet neben Treibstoff Backwaren und Getränke an.

Prüfungstipp von Lea

Ziele der Produktpolitik

- Wachstum
- Absatzsteigerung bei gleichen Kosten
- Nachfragesicherung durch Kundenbindung
- Imagebildung
- Alleinstellungsmerkmale herausbilden
- Ausbau der Marktanteile
- Risikominimierung durch Streuung

1. Fit in allen Marketingaktivitäten

1.1 Marktbeobachtung und -analyse

Die 4 Marketinginstrumente
Produktdifferenzierung • Produktmodifikation • Produkteliminierung

Produktdifferenzierung

Mehrere Varianten eines Produkts, das auf unterschiedliche Zielgruppen zugeschnitten ist, gelangen auf den Markt. Sie haben unterschiedliche physische, funktionale, ästhetische und symbolische Merkmale. Dies ermöglicht die Eröffnung neuer Märkte.

Beispiele: Burger mit unterschiedlichen Saucen, Kaugummis in mehreren Geschmacksrichtungen, Shampoos für blondes, braunes oder rotes, dünnes, lockiges oder trockenes Haar

Produktmodifikation oder Produktvariation

Die Produkteigenschaften bereits existierender Produkte werden abgewandelt, wobei die Grundausstattung erhalten bleibt. Veränderungen erfolgen z.B. in Hinblick auf den Namen, zusätzliche Merkmale oder die Verpackung.

Beispiel: Die *Lila Lounge GmbH* stellt ein Regal bisher in schwarz und weiß her. Jetzt kommen zusätzlich drei Neontöne hinzu, um junge Kunden anzusprechen.

Produkteliminierung

Produkte, die sich als Flop erweisen oder technisch veraltet sind, werden vom Markt genommen.

Beispiele: Walkman, VW Phaeton, Samsung Galaxy Note 7

Prüfungstipp von Kevin

Strukturanalysen

Kundenstrukturanalyse
Altersstrukturanalyse
Umsatzstrukturanalyse
Deckungsbeitragsanalyse

Ziele: Entscheidungsgrundlage für Veränderungen des Sortiments oder des Produktionsprogramms: Muss das Portfolio (wie Kundenportfolio, Produktportfolio, Preisportfolio) erweitert werden? Oder: Um welche Produkte muss es bereinigt werden?

Die 4 Marketinginstrumente
Sortimentspolitik

1. Fit in allen Marketingaktivitäten
1.1 Marktbeobachtung und -analyse

Rein oder raus? Oder anders?

Die **Sortimentspolitik** regelt, ob Artikel ins Sortiment aufgenommen oder entfernt werden. Wenn der Begriff Sortimentspolitik auftaucht, ist gewöhnlich das gesamte Angebot eines Handelsunternehmens gemeint. Ein herstellender Betrieb spricht eher von Programmpolitik oder von seinem Produktionsprogramm.

Zum Sortiment zählen alle angebotenen Waren bzw. Artikel, die im Kernsortiment, im Grundsortiment und im Randsortiment (zudem Lagersortiment, Bestellsortiment, Saisonsortiment) eines Geschäfts ihren Platz finden. Zentrale Steuerelemente der Sortimentspolitik sind Sortimentsinnovation, Sortimentsdiversifikation, Sortimentsdifferenzierung, Sortimentsvariation sowie die Eliminierung, zum Beispiel veralteter oder Verlust bringender Artikel. Die Diversifikation betrifft zwei Ebenen: Die Erweiterung des Sortiments in die Breite (= horizontal) und/oder in die Tiefe (= vertikal). Die Sorten sind die kleinste Einheit innerhalb der Sortimentsdimension. Sie unterscheiden sich nur minimal und formen einen Artikel. Die Artikel wiederum bilden eine Warengruppe.

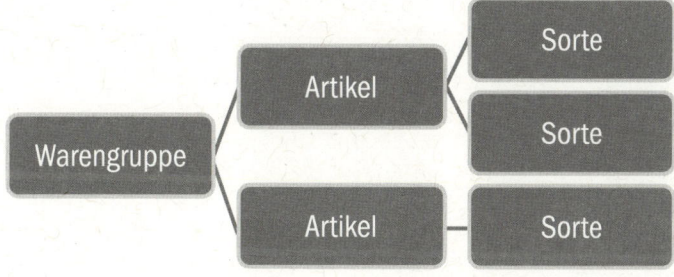

1. **Fit in allen Marketingaktivitäten**
1.1 Marktbeobachtung und -analyse

Die 4 Marketinginstrumente
Praxis

PRAXIS: Übung 1

A) Was ist der Unterschied zwischen quantitativen und qualitativen Marketingzielen?

B) Welche Maßnahmen können mithilfe der Produktpolitik erfolgen?

C) Was ist der Unterschied zwischen Sortimentsbreite und Sortimentstiefe?

Hier ist Platz für Deine Notizen. Einen Lösungsvorschlag findest Du am Ende des Buchs.

Die 4 Marketinginstrumente
Praxis

1. Fit in allen Marketingaktivitäten
1.1 Marktbeobachtung und -analyse

PRAXIS: Übung 2

Kevin muss den Marketinginstrumenten jeweils ein Beispiel zuordnen. Kannst Du das auch?

1. Preispolitik
2. Kommunikationspolitik
3. Distributionspolitik
4. Produktpolitik

- Die *PRIMA Kölsch Privatbrauerei GmbH & Co. OHG* veranstaltet einen Tag der offenen Tür.
- Die *Lila Lounge GmbH* bietet die Sofa-Serie *Potatoe* neuerdings auch im Internet an.
- Die *Lampen Himmel GmbH & Co. KG* gewährt im Sale einen Rabatt von 5 % auf alles.
- *Second Sight Ltd.* bietet neben Unternehmenssoftware nun auch Leads an.

Prüfungstipp von Kevin

Definition Produkt:

Die Bezeichnung Produkt trifft nicht nur auf ein Smartphone oder eine Tafel Schokolade zu, sondern auf vieles mehr.

Zum Beispiel auf...

...Dienstleistungen: Versicherungsagentur, Friseur, Reisebüro

...Personen: Model, Musikband, Artist

...Orte: Parkhaus, Immobilien

1. **Fit in allen Marketingaktivitäten**
1.1 Marktbeobachtung und -analyse

Die 4 Marketinginstrumente

Produktpolitik: Produktkennzeichen • Markenpolitik

Das Produktkennzeichen

Der Produktname ist ein eindeutiges Merkmal, das ein Produkt unverwechselbar macht. Auf ihn sollten folgende Punkte zutreffen:

- leicht zu merken
- leicht auszusprechen
- mit einer positiven Assoziation verbunden
- Eindeutigkeit

Ein Name kann sich aus einer Familientradition heraus ergeben, ein Phantasiename sein oder vom Hersteller vorgegeben. Er bezieht sich auf eine einzelne Marke, einen Produktgruppenmarkt oder eine Sortimentsmarke. Als Markenfamilie werden Produkte, die unter einem gemeinsamen Markennamen vertrieben werden, bezeichnet. Diesen gemeinsamen Markennamen nennt man auch Dachmarke.

Über den Namen hinaus kann ein Produkt ein eindeutiges Zeichen erhalten, ein Symbol oder ein spezielles Design. Es ist zwischen Herstellermarken, wenn ein Hersteller sein Produkt markiert, und Handelsmarken, also Marken von Handelsunternehmen, zu unterscheiden.

Markenpolitik

Markenprodukt oder No-name-Produkt? Mit dem einen kann ein Verbraucher sich identifizieren, das andere ist preiswerter, da es ohne Marketingkosten auskommt. Die Markenpolitik verfolgt mehrere Ziele: Die Marke als Unterscheidungsmerkmal ermöglicht Preisdifferenzierungen, positive Erfahrungen mit einer Marke führen zu Markentreue und eine Marke kann der Identifikation dienen.

Dazu im Folgenden ein kurzer Ausflug in die rechtlichen Grundlagen.

Prüfungstipp von Hannah

Das Produkt im Einsatz zur Kundenbindung

Es muss aufzufinden sein.

Es muss verfügbar sein.

Es muss technisch einwandfrei funktionieren.

Die Qualität muss stimmen.

Das Design muss den Kunden überzeugen.

Es muss, je nach Produkt, aktuell sein.

Es muss der Erwartung des Kunden entsprechen.

Es muss u.U. in einer gewissen Vielfalt vorliegen.

Es kann Garantien geben.

Gewerbliche Schutzrechte
Designrecht • Gebrauchsmusterrecht • Patentrecht • Markenrecht

1. **Fit in allen Marketingaktivitäten**
1.1 Marktbeobachtung und -analyse

Designschutz oder Geschmacksmuster

Das eingetragene Design schützt ein Produkt in Hinblick auf sein äußeres Erscheinungsbild, wie Farbe und Form. Bevor die Anmeldung zum Schutzrecht erfolgt, sollte eine Recherche im DPMA-Register des Deutschen Patent- und Markenamts erfolgen, da die Behörde die Überprüfung nicht durchführt. Ist der Antrag durch, gilt das Schutzrecht für höchstens 25 Jahre, muss jedoch alle fünf Jahre verlängert werden. Dafür fallen jedes Mal Aufrechterhaltungsgebühren an. EU-weit gilt die GGV, die Gemeinschaftsgeschmacksmuster Verordnung. Zum einen kann ein Geschmacksmuster beim „Amt der Europäischen Union für geistiges Eigentum" eingetragen werden, zum anderen gibt es ein gültiges nicht eingetragenes Geschmacksmuster, dessen Schutz allein dadurch entsteht, dass man es als Erster nutzt. Die Gültigkeitsdauer hierfür beträgt drei Jahre.

Patent

Das Patentrecht sichert einem Erfinder die Rechte an seiner Erfindung. Ein patentfähiges Produkt muss nach § 1 Abs. 1 PatG neu sein, auf einer erfinderischen Tätigkeit beruhen und gewerblich anwendbar sein. Die Erfindung wird geprüft und das Patentamt entscheidet über die Patentfähigkeit. Das Patenterteilungsverfahren kann dabei 2 – 3 Jahre dauern. Kann das Patent erteilt werden, wird es im Patentblatt bekannt gemacht und im Patentregister eingetragen. Ein Patent gilt für 20 Jahre.

Gebrauchsmuster

Das Gebrauchsmustergesetz ist für technische Erfindungen anzuwenden, die schnell ein anerkanntes Schutzrecht erhalten sollen. Nicht geprüft werden die Kriterien, die für Patente gelten: neu, auf einer erfinderischen Tätigkeit beruhend und gewerblich anwendbar, wenngleich diese Faktoren zutreffen müssen. Ein Gebrauchsmuster ist zunächst für drei Jahre geschützt und gilt innerhalb der Bundesrepublik Deutschland. Dieser Zeitraum kann auf zehn Jahre verlängert werden. Auch dafür entstehen Aufrechterhaltungsgebühren.

Markenzeichen

Das Markenzeichen oder die Marke schützt eine Ware, eine Dienstleistung oder ein gesamtes Unternehmen in Wort oder Bild oder der Kombination aus beidem. Sogar Farben und akustische Signale können als Marke geschützt werden. Mit einer Marke grenzt ein Unternehmen sich von den anderen ab und es besitzt das alleinige Nutzungsrecht. Dem liegt das Markengesetz zugrunde sowie die Eintragung ins Markenregister. Das Recht besteht zehn Jahre lang. Es ist zwischen Handelsmarke und Herstellermarke zu unterscheiden.

INFO

Das Designschutzrecht wurde auf EU-Ebene reformiert und das Gesetzgebungsverfahren am 10.10.2024 abgeschlossen. Wenn das neue EU-Designrecht in Kraft tritt, haben Unternehmen der EU-Staaten 36 Monate Zeit, um die neuen Regelungen umzusetzen. Der Begriff „Geschmacksmuster" hat dann ausgedient. Die neue Bezeichnung wird „Unionsdesign" oder „EU-Design" lauten.

Prüfungstipp von Emir

Produktgestaltung:
Design, Verpackung, Funktionen

Produktergänzungen:
Beratung, Finanzierung, Lieferung, Montage, Wartung, Reparatur, Entsorgung

Produktmenge:
Anzahl der präsentierten Produkte, Sortiment in Breite (Anzahl der Warengruppen) und Tiefe (Vielfalt der Artikel innerhalb einer Warengruppe)

1. **Fit in allen Marketingaktivitäten**
1.1 Marktbeobachtung und -analyse

Die 4 Marketinginstrumente
Praxis

Die Sonne geht auf

PRAXIS: Übung 3

Die *PRIMA Kölsch Privatbrauerei GmbH & Co. OHG* hat seit einiger Zeit Absatzschwierigkeiten. Es fehlt an Innovationen. Mitbewerber sind vor allem bei der Produktion und Vermarktung von Biermischgetränken weiter vorne. Zudem findet der Vertrieb bisher nur über den lokalen Groß- und Einzelhandel statt.

Die Kölner Brauerei möchte nun mit einem neuen Produkt an den Markt gehen, dem Biermischgetränk PRIMA Lemon-Meschong – das unter dem Slogan *Sonne zum Trinken* auf den Markt gehen soll.

A) Worüber benötigt die Brauerei vor der Markteinführung Informationen und wo bekommt sie diese her?
B) Die Marke PRIMA ist lokal bekannt. Welche Rolle spielt die Marke im Hinblick auf die Einführung neuer Produkte?
C) Welche Rolle spielt die Verpackung?

Hier ist Platz für Deine Notizen. Einen Lösungsvorschlag findest Du am Ende des Buchs.

Prüfungstipp von Kevin

Du hast in Deiner Ausbildung an einem Werbeplan mitgearbeitet? Dann hast Du ein optimales Thema für einen Report in der Wahlqualifikation Marketing und Vertrieb.

Du hast keinen Plan, wie Du das mit dem Report anstellen sollst? Dann ist der u-form PLUS Leitfaden Deine Rettung! Wichtig ist, alle formalen Rahmenbedingungen einzuhalten und Aufgabe, Planung, Durchführung und Kontrolle oder Bewertung zu erläutern.

(Jetzt downloaden: www.u-form.de/addons/2315-2025.zip)

Die 4 Marketinginstrumente
Produktlebenszyklus

1. **Fit in allen Marketingaktivitäten**
1.1 Marktbeobachtung und -analyse

It's alive

Neue Produkte oder Produktabwandlungen erschließen neue Kundenkreise. Aber: Ein Produkt ist nicht ewig beliebt. Es durchläuft in seinem „Leben" fünf Phasen:

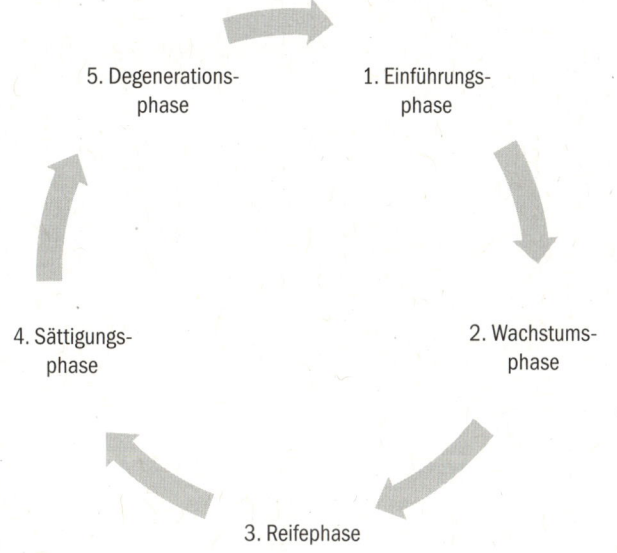

In den einzelnen Lebensabschnitten kann ein Produkt einen unterschiedlichen Preis haben. Dazu mehr im folgenden Abschnitt zur Preispolitik.

Prüfungstipp von Kevin

Bestimmte Faktoren können den Produktlebenszyklus verlängern. Das klingt vielversprechend, oder? Merk Dir die Unterscheidung in interne und externe Faktoren:

Interne: Produktmanagement (wie Qualität, Design), Marketing, Preisgestaltung

Externe: Marktgeschehen, Marktanteil, Konsumentenverhalten, Konkurrenzprodukte und Aktionen von Konkurrenten

Die 4 Marketinginstrumente
Produktlebenszyklus

Die 5 Phasen des Produktlebenszyklus

Mit einem Produktlebenszyklus kannst Du ein bisschen in die Zukunft blicken! Genial, oder? Als bewährtes ökonomisches Modell bietet er Fachleuten eine gewisse Planungssicherheit. Er trifft äußerst nützliche Aussagen über die zukünftige Umsatzentwicklung.

Anhand dieser Informationen können Unternehmen wichtige Entscheidungen treffen: Wann Werbemaßnahmen zu aktivieren sind, zum Beispiel. Wer die Phasen identifiziert hat, kann sein Produkt optimal vermarkten!

Du kannst das Leben Deines Produkts steuern. Und das Beste ist: Du kannst es verlängern!

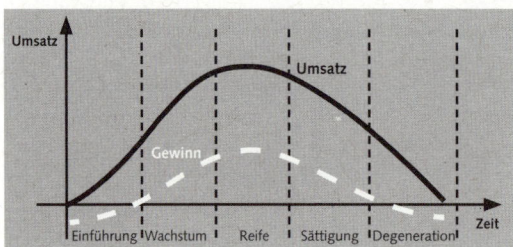

Einführungsphase:
Bekanntheitsgrad steigern! Jetzt ist die Zeit für umfangreiche Marketingmaßnahmen, wie Werbung, Sponsoring oder Events. Je mehr Menschen das Produkt kennen, desto höher fällt der Umsatz aus. Noch bewegt er sich jedoch weit unterhalb seiner Möglichkeiten. Das Ziel lautet also: Befördere das Produkt schnell in die nächste Phase!

Wachstumsphase:
In der Wachstumsphase erreicht der Umsatz die Gewinnschwelle, bzw. den Break-even-point. Von nun an erzielt das Produkt Gewinn. Die Chance auf ein gutes Geschäft hat inzwischen auch die Konkurrenz erkannt und tritt in den Markt ein. Das Ziel dieser Phase: Sichere den stetigen Anstieg des Umsatzes!

Die 4 Marketinginstrumente
Produktlebenszyklus

1. **Fit in allen Marketingaktivitäten**
1.1 Marktbeobachtung und -analyse

Reifephase:
Maximaler Umsatz! Das Produkt ist bekannt, die Nachfrage auf ihrem Zenit. Ziel: Dehne die Reifephase so lange wie möglich aus! Wie? Z.B. durch Preissenkung oder Updates der Produktqualität.

Sättigungsphase:
Nachfrage und Umsatz sinken. Die Konkurrenz übernimmt immer mehr Marktanteile. Der Gewinn liegt anfangs noch im positiven Bereich, später wird die Gewinnschwelle unterschritten. Ziel: Zögere den Eintritt in die letzte Phase hinaus, solange die Gewinne noch positiv sind!

Degenerationsphase:
Das Produkt „stirbt". Es erzielt keine Gewinne mehr und wird vom Markt genommen. Ziel: Reagiere früh genug, um hohe Verluste zu vermeiden!

Alternative: Das Produkt erhält eine Modifikation und wird in einer neuen Variante wieder auf den Markt gebracht.

Unvorhersehbare Ereignisse

Ein Unternehmen kann in den Punkten Qualität, Marketingbudget, Marketing und genaue Zielgruppendefinition beeinflussen, wie lange sein Produkt auf dem Markt besteht. Manchmal geschehen jedoch Dinge, die außerhalb der eigenen Kontrolle liegen.

1. Politische Entscheidungen
2. Gesetzesänderungen
3. Wirtschaftliche Entwicklungen
4. Reaktionen von Wettbewerbern
5. Wertwandel

Ein Produkt kann also, trotz erfolgsversprechender Prognose, scheitern.

Prüfungstipp von Emir

Was antwortest Du, wenn die Prüfer fragen, wie lange so ein Produktlebenszyklus eigentlich dauert?

Ich habe einen Vorschlag für Dich:

Der Zeitrahmen ist genauso lang, wie ein Produkt auf dem Markt ist. Während Trendprodukte sich oft nur kurz halten, ist die Zeitspanne für Markenprodukte oder hochwertige Waren meist deutlich länger.

Die 4 Marketinginstrumente
BCG-Matrix

Top oder Flop

Je nachdem, in welcher Phase des Produktlebenszyklus sich ein Produkt befindet, muss ein Unternehmen die passende Strategie auswählen. Als Hilfe bietet sich die **BCG-Matrix** der Boston Consulting Group, auch Portfolio-Analyse genannt, an. Marktwachstum und Marktanteil eines Produkts sind hierbei die entscheidenden Kriterien strategischer Unternehmensentscheidungen. Die Produkte bilden hiernach das Portfolio des Unternehmens. In Anlehnung an den Produktlebenszyklus startet ein Produkt sein Dasein als „Question Mark", wird dann ein „Star", danach eine „Cash Cow" und schließlich ein „Poor Dog".

Ein „Question Mark" ist ein wandelndes Fragezeichen: Wird dieses Produkt die Einführungsphase überleben? In dieser Zeit sind hohe Investitionskosten nötig, um das Wachstum voranzutreiben.

„Stars" sind als Sieger aus der Einführungsphase hervorgegangen. Ihr relativer Marktanteil steigt an, gleichzeitig ist ein Marktwachstum zu verzeichnen. Ihre Marktposition wird ausgebaut und gesichert.

Eine „Cash Cow" hält einen hohen Marktanteil bei gleichzeitig schwindendem Marktwachstum. Solange die Marktanteile zu halten sind, ist eine Abschöpfung möglich. Fällt der relative Marktanteil ab, ist die rechtzeitige Verwandlung in ein „Question Mark" möglich oder der Produktabschied: Bye, bye.

„Poor Dogs" sind die armen Hunde, die es nicht schaffen. Ein Produkt, das in die Kategorie „Poor Dog" eingeht, trägt nicht mehr zum Deckungsbeitrag bei und wird vom Markt genommen (= Eliminierung). Auf der X-Achse der BCG-Matrix liegt der relative Marktanteil, die Y-Achse bildet das Marktwachstum ab. Die Größe des Kreises nimmt jeweils mit der Größe des Umsatzes zu.

Prüfungstipp von Hannah

Ziele der Preispolitik: Gewinnsteigerung, Sicherheit in der Beschäftigungssituation, Marktanteile gewinnen, Mitbewerber ausschalten, maximal möglichen Spielraum ausnutzen, Erschließung neuer Märkte

Die 4 Marketinginstrumente
BCG-Matrix

Boston Consulting Group Portfolioanalyse

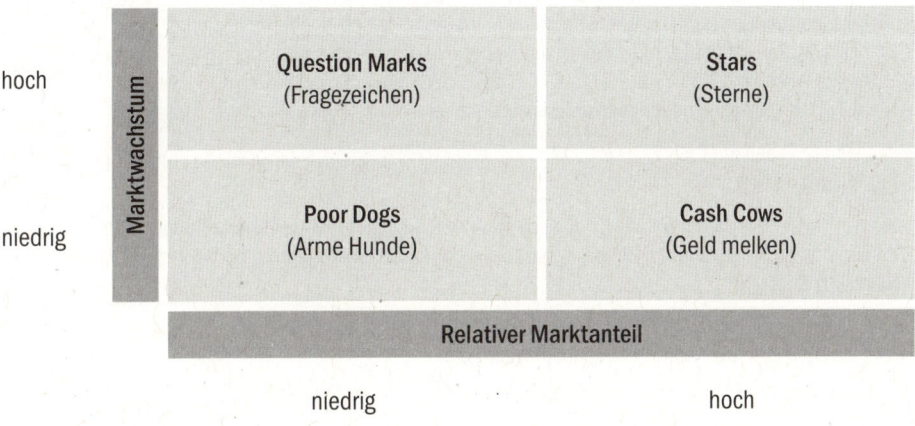

1. **Fit in allen Marketingaktivitäten**
1.1 Marktbeobachtung und -analyse

Die 4 Marketinginstrumente
Preispolitik: Produktlebenszyklus • Skimming Strategie • Penetration Strategie

Zweitens: Der Preis – The price

Der Preis gerät unter den Einfluss vieler Faktoren: Produktlebenszyklus, betriebliche Kalkulation und Deckungsbeitragsrechnung (vgl. Kap 1.3), Preisdifferenzierung, Preisvariation oder Marktform. Es ergeben sich Fragen über Fragen.

<u>Frage 1:</u> Welchen Einfluss hat der **Produktlebenszyklus** auf den Preis?

In den einzelnen Phasen kann der Preis eines Produkts oder einer Dienstleistung einen anderen Preis haben. Folgende Veränderungen können eintreten:

1. Phase: niedriger Preis zur Einführung zur zügigen Marktdurchdringung mit stufenweiser Steigerung (= Penetration Strategie) oder Abschöpfungsstrategie mit hohem Einstiegspreis, der nach und nach sinkt (= Skimming Strategie)
2. Phase: bestmöglicher Preis = erste Gewinne, Anstieg durch Marketingmaßnahmen
3. Phase: lang und profitabel, bis der Preis unter Druck gerät
4. Phase: Gewinnspanne fällt langsam ab, Deckungsbeitragsgrenze wird erreicht
5. Phase: Umsatz stark rückgängig, Produkt verlässt den Markt oder Möglichkeit zum Relaunch durch Produktveränderung

Nutzen für den Berufsalltag: Die zwei Produkteinführungsstrategien

Skimming Strategie:	Penetration Strategie:
• anfangs hohe Preise, geringe Stückzahl	• anfangs niedrige Preise, hohe Stückzahl
• geeignet für Produkte mit Monopolstellung	• geeignet für Massenprodukte
• eher für Image aufwertende Produkte	• für Produkte, die nicht das Ansehen betreffen
• kurzfristig hohe Gewinne	• schnelle Marktdurchdringung
• Gefahr des Imageverlusts bei Preissenkung	• Gefahr der Ablehnung bei Preiserhöhungen

---

Prüfungstipp von Lea

Um in der Preispolitik vorne mitzumischen, müssen wir die Kalkulationen beherrschen:
- Angebotskalkulation
- Vorwärtskalkulation
- Rückwärtskalkulation
- Differenzkalkulation
- Divisionskalkulation

Zudem taucht die Deckungsbeitragsrechnung in den Prüfungen immer wieder als Aufgabe auf. Üben – üben – üben!

Die 4 Marketinginstrumente
Preispolitik: Preisdifferenzierung • Preisvariation

Zweitens: Der Preis – The price

Frage 2: Was bringt **Preisdifferenzierung**?

Unterschiedliche Preise in unterschiedlichen Situationen sollen unter dem Strich für höhere Gewinne sorgen. Deshalb findet eine **mengenmäßige**, **räumliche**, **zeitliche** und **personelle** Differenzierung statt.

Räumlich: sich unterscheidende Preise auf unterschiedlichen Märkten, wie einkommensstarkes Gebiet vs. einkommensschwaches Gebiet, stationär vs. online, Inland vs. Ausland

Zeitlich: anderer Preis zu wechselnden Zeiten, wie Sommer oder Winter, Tag oder Nacht, Haupt- oder Nebensaison

Mengenmäßig: verschiedene Preise bei variierenden Mengen, z. B. geringere Stückpreise bei höherer Abnahmemenge, Bonuszahlungen ab bestimmter Umsatzgröße, Rabatte bei Erreichen einer Staffelmenge (Staffelpreise)

Personell: differierende Preise bei unterschiedlichen Kunden, wie Privatkunde vs. Geschäftskunde, Neukunde vs. Stammkunde

Frage 3: Warum **Preisvariation**? Wenn ein Anbieter den Preis verändert, hat er diesen Schritt wohlüberlegt. Seiner Entscheidung liegen womöglich sinkende Absatzzahlen, schwindende Markentreue, sich verändernde Rohstoff- oder Produktionskosten oder ein zu großer Lagerbestand zugrunde. Je nach Situation wird er den Preis erhöhen oder senken. Eine langfristige Erhöhung des Preises findet oft in mehreren Stufen statt, damit der Kunde sanft darauf vorbereitet wird. Mit der Erhöhung eines Preises lässt sich letztendlich der Umsatz steigern. Dies ist auch mit einer Preissenkung möglich, wenn damit der Anstieg der Verkaufszahlen einhergeht.

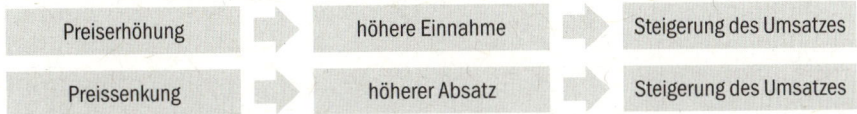

Der Einsatz einer Preisvariation muss unter Berücksichtigung des passenden Zeitpunkts und unter Beobachtung der Reaktion der Konkurrenz erfolgen.

Die 4 Marketinginstrumente

Preispolitik: Marktform • Angebot und Nachfrage • Preisstrategien

1. Fit in allen Marketingaktivitäten
1.1 Marktbeobachtung und -analyse

Prüfungstipp von Emir

Die **Marktformen** bilden Angebot und Nachfrage ab. Da sie zum Basiswissen gehören, tauchen sie bisher in jeder Prüfung auf. Merk Dir die Perspektive: Gibt es mehr Anbieter oder mehr Nachfrager oder halten Angebot und Nachfrage sich die Waage?

Angebotsoligopol
(- Anbieter + Nachfrager)

Nachfrageoligopol
(+ Anbieter - Nachfrager)

zweiseitiges Oligopol
(- Anbieter - Nachfrager)

Angebotsmonopol (1 Anbieter, zahlreiche Nachfrager)

Nachfragemonopol (1 Nachfrager, zahlreiche Anbieter)

zweiseitiges Monopol
(1 Anbieter und 1 Nachfrager)

Polypol (+ Anbieter + Nachfrager)

Frage 4: Welchen Einfluss hat die **Marktform** auf den Preis?

Die Anzahl der Anbieter im Verhältnis zur Zahl der Nachfrager hat insofern eine Auswirkung auf den Preis, als dass je nach Marktform andere Preise durchzusetzen sind. Ein Monopolist hat dabei meist bessere Karten als ein Anbieter im Polypol.

Das Grundprinzip lautet: Wo Angebot und Nachfrage aufeinandertreffen, entsteht ein Markt. Das Angebot ist das Produkt oder die Dienstleistung, die Nachfrage die tatsächliche Kaufabsicht.

Nutzen für den Berufsalltag: Preisstrategien

1. *Hochpreisstrategie* (auch *Prämienpreisstrategie*): dauerhaft hohe Preise für Marken hohen Standards und hoher Qualität, oft mit einem Alleinstellungsmerkmal
2. *Durchschnittspreisstrategie*: langfristig mittleres Preisniveau für Produkte mittlerer Qualität
3. *Niedrigpreisstrategie* (auch *Promotionspreisstrategie*): niedriger Preis zum schnellen Erzielen hoher Absatzmengen, geringes Risiko, dass ein Produkt keinen Anklang findet

Die 4 Marketinginstrumente

Preispolitik: Angebot und Nachfrage • Verkäufermarkt und Käufermarkt

1. **Fit in allen Marketingaktivitäten**
1.1 Marktbeobachtung und -analyse

Angebot und Nachfrage

Die Preispolitik unterliegt auch den Gesetzen der Mikroökonomie, denn Angebot und Nachfrage regulieren den Preis auf dem Markt. Steigt die Nachfrage während das Angebot unverändert bleibt, geht der Preis hoch. Ebenso, wenn das Angebot bei gleichbleibender Nachfrage sinkt. In beiden Fällen ist das Angebot niedriger als die Nachfrage (= Nachfrageüberhang), weshalb ein **Verkäufermarkt** (engl. seller's market) entsteht, auf dem die Verkäufer die Bedingungen festlegen können.

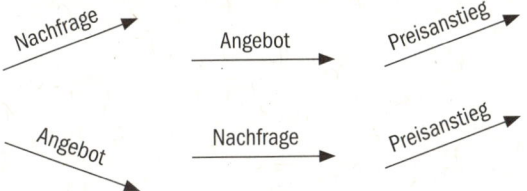

Auf dem **Käufermarkt** (engl. buyer's market) sieht dies genau andersherum aus. Entweder steigt das Angebot, etwa indem neue Anbieter hinzukommen, während die Nachfrage gleichbleibt, oder: Die Nachfrage sinkt bei gleichbleibendem Angebot. Auf diesem Markt ist das Angebot größer als die Nachfrage, es herrscht ein Angebotsüberschuss und der Käufer hat die Macht – in den meisten Fällen wählt er das preiswertere Produkt.

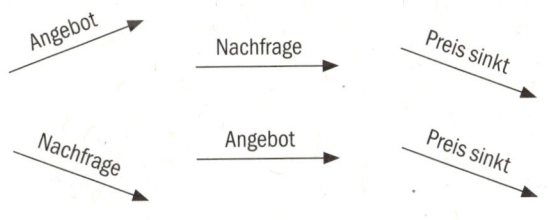

Prüfungstipp von Lea

Merkmale Verkäufermarkt:
- stabile Preise oder Preissteigerungen
- Käufer sind vorhanden, enorme Marketingmaßnahmen meist nicht nötig
- Nachfrageüberhang
- was auf dem Markt ist, wird auch abgenommen

Merkmale Käufermarkt:
- Preissenkungen
- große Marktwiderstände
- große Konkurrenz
- Marketingaufwand ist nötig

Zusammenhang

Bedürfnis + Kaufkraft = Bedarf

1. Fit in allen Marketingaktivitäten
1.1 Marktbeobachtung und -analyse

Die 4 Marketinginstrumente
Preismechanismus • PRAXIS

Die Nase vorn

Auf und Ab, der Preis ist ständig in Bewegung. Den richtigen Riecher haben – diese Redewendung trifft jetzt auf alle guten Spürnasen im Marketinggeschäft zu, die mit einem sicheren Instinkt auf Marktveränderungen reagieren. Sie halten die idealen Marketingmaßnahmen bereit, um sie der Konkurrenz im passenden Moment entgegen zu setzen. Dazu haben sie die Entwicklung von Angebot und Nachfrage jederzeit im Blick. Erscheint beispielsweise ein Konkurrent mit demselben Produkt auf dem Markt, entsteht bei gleichbleibender Nachfrage ein Angebotsüberhang und der Gleichgewichtspreis sinkt. Verschwindet demgegenüber ein Mitwerber, verringert sich das Angebot und der Gleichgewichtspreis steigt. Steigt die Nachfrage unerwartet an während das Angebot beständig bleibt, entwickelt sich ein Nachfrageüberhang. Eine sinkende Nachfrage hat demgegenüber einen Preisabfall zur Folge. Schnelle Informationen liefern Preis-Mengen-Diagramme mit Angebots- und Nachfragereaktion, wie es in der folgenden Übung zu sehen ist. Und dann geht es weiter mit den konkreten Mitteln des dritten „P", der Kommunikation (Promotion).

Prüfungstipp von Hannah

Liegt ein Nachfrageüberhang vor, haben die Verkäufer die Chance, den Preis zu erhöhen, denn die Konsumenten werden mehr für das Produkt bezahlen. Als Folge nimmt das Angebot zu, die Nachfrage lässt nach und der Preis sinkt wieder.

Dieses Auf und Ab heißt in der Marktwirtschaft **Preismechanismus.**

PRAXIS: Übung 4

Emir soll die aus der Grafik ersichtliche Markt-Situation interpretieren. Wie ist Deine Antwort?

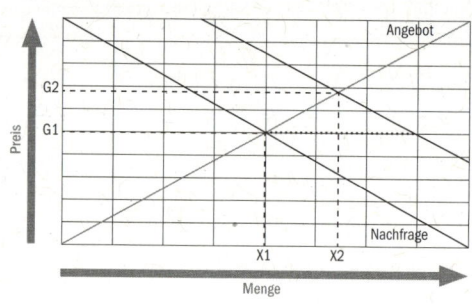

A) Welche dieser vier Aussagen trifft hier zu?
   1. Es liegt ein Angebotsüberhang vor.
   2. Es liegt ein sinkender Gleichgewichtspreis vor.
   3. Es liegt ein Nachfrageüberhang vor.
   4. Es liegt ein Kommunikationsproblem vor.

B) Erläutere den Unterschied zwischen Käufermarkt und Verkäufermarkt.

Die 4 Marketinginstrumente
Kommunikationspolitik

1. Fit in allen Marketingaktivitäten
1.1 Marktbeobachtung und -analyse

Drittens: Die Kommunikation – The promotion

Schnell sein, kreativ sein, attraktiv sein – die Kommunikation ist das zentrale Steuerelement, um sich von den Mitbewerbern abzuheben. Information und Präsentation ohne Mehrwert ist nichts wert, die Firma ein glanzloser Träger langweiliger Botschaften, die es nicht schafft, das Interesse möglichst vieler Menschen zu wecken. Dabei hat die Geschäftsführung oder Marketingabteilung mit der Kommunikation als Dreh- und Angelpunkt zwischen Leistungserstellung und Verkauf nahezu unendliche Möglichkeiten, sich immer ein Stückchen besser zu positionieren. Durch:

- Werbung (Anzeigen, Plakate, Werbespots, sonstige Werbeträger)
- Verkaufsförderung
- Messen
- Events
- Öffentlichkeitsarbeit (PR = Public Relations; Agenda-Setting = Steuerung der Themen, die in der Öffentlichkeit diskutiert werden sollen)
- Sponsoring
- Persönlicher Verkauf
- CI = Corporate Identity

Auch die Kommunikationswege zur Kundenbindung sind nahezu unerschöpflich und im Multichannel-Marketing (über mehrere Kommunikationskanäle) einzusetzen:
Newsletter, Kundenclubs, Weiterempfehlungsprogramme, Glückwunsch-E-Mails, Kundenzeitschriften, Apps, Foren, Direct Mailing, Social Media und das Beschwerdemanagement.

Kommunikationsziele: Bekanntmachung einer bisher unbekannten Marke, Aufbau eines Images, Aufbau der Außenwahrnehmung eines Unternehmens, Informationsvermittlung.

Prüfungstipp von Kevin

Werbemittel – Werbeträger

Werbemittel sind die Mittel, die mit der Werbebotschaft ausgestattet sind, z. B. eine Zeitschriftenanzeige oder ein Werbeplakat.

Über den Werbeträger wird das Werbemittel mit der Botschaft transportiert, z. B. die Zeitschriftenanzeige in einer Zeitschrift, das Plakat auf einer Plakatfläche oder einer Litfaßsäule, ein Werbefilm im TV, ein Radiospot im Radio oder ein City-Light-Poster im Plakatwechsler.

Die 4 Marketinginstrumente

Kommunikationspolitik: Corporate Identity

Einzigartigkeit

Die Kommunikation ist das Instrument zum Erschaffen eines strategisch konsequenten Erscheinungsbildes einer Firma. Die **Corporate Identity** (CI), nimmt hier Form an und ist durch Werbung, PR und Co. nach außen zu tragen. Als Kevin beim Möbelhersteller Lila Lounge GmbH seine Ausbildung begann, wurde er schnell in das Geheimnis der CI eingeführt. CI drückt sich in **Corporate Design**, **Corporate Communication** und **Corporate Behavior** aus.

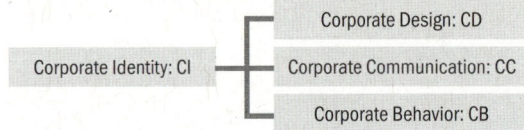

Corporate Design: Alle Designelemente eines Unternehmens bilden eine Einheit. Ein Logo sorgt für einen Wiedererkennungseffekt, hinzu kommt einheitliches Briefpapier, passende Visitenkarten, stimmige Firmenfahrzeuge und Arbeitskleidung im gleichen Look.

Corporate Communication: Die Kommunikation, sowohl nach innen als auch nach außen ist aufeinander abgestimmt. Vor allem die Kommunikationspolitik hinterlässt ihren Eindruck und trägt in großem Maß zur Bildung der Corporate Identity bei.

Corporate Behavior setzt Maßstäbe für das Verhalten der Mitarbeiter, sowohl untereinander als auch im Kundenkontakt, z.B. durch:

- vorgegebene Formulierungen,
- trainiertes Verhalten,
- geübte Reaktion bei Kritik.

Die Kommunikationspolitik bezieht sich immer auf die Fragen nach dem „Was?" und „Womit?", im Gegensatz zur Distribution, die das „Wo?" festlegt.

Die 4 Marketinginstrumente

Distributionspolitik: Direkt • Indirekt • Multichannel • Ziele

1. **Fit in allen Marketingaktivitäten**
1.1 Marktbeobachtung und -analyse

Viertens: Die Distributionspolitik – The place

Was nützt dem tollsten Produkt der beste Preis, die schönste Werbung, wenn es in einem schicken Showroom im Edelviertel einer Großstadt auf Käufer wartet? Nichts! Ein Produkt muss auf möglichst vielen geeigneten Wegen zu den Kunden gelangen. Das ist die Aufgabe der Distributionspolitik. Die Vertriebsaktivitäten sind über direkte oder indirekte Absatzwege zu realisieren, zudem, ebenso wie die Kommunikation, nach dem Multichannel-Prinzip.

Der **direkte** Vertrieb findet direkt an den Kunden aus einem Geschäft heraus statt, aus einer Filiale, ab Lager, aus einem Outlet, durch Angestellte im Außendienst (im B2B), aus einem eigenen Online-Shop, über Mobile-Shopping, durch Katalogversand oder über selbständige Handelsvertreter (etwa bei Tupperware Deutschland GmbH oder Vorwerk & Co. KG).

Der **indirekte** Vertrieb läuft über den Verkauf durch einen Vermittler, wie den Großhandel und den Einzelhandel.

Multichannel beinhaltet die Verbreitung eines Produkts auf **mehreren** unterschiedlichen Vertriebswegen.

Die Lila Lounge GmbH beispielsweise verkauft ihre Möbel in eigenen Filialen, per Online-Shopping und Mobile-Shopping, ab Lager und über den Groß- und Einzelhandel.

Ziele der Distributionspolitik: durch neue Vertriebswege neue Möglichkeiten eröffnen, Umsatzsteigerung, Erhöhung der Marktanteile, Senkung von Vertriebskosten, Lieferbereitschaft sichern, Erreichen eines vorgegebenen Distributionsgrads.

Produkt-, Preis-, Kommunikations- und Distributionspolitik wirken miteinander, um alle Marketing- und Vertriebsziele zu erreichen. Um den Vertrieb im Besonderen geht es in Kapitel 2 noch einmal ausführlich.

Einen Blick in die Zukunft werfen, mögliche Umsätze erfahren, machbare Marktanteile oder die zu erreichende Bekanntheit, all das geschieht in der Marktforschung, mit der es nach den nächsten Übungen weitergeht.

Prüfungstipp von Lea

Zur Fachaufgabe in der Prüfung könnte als Teilaufgabe auch die Benennung eines geeigneten Vertriebskanals gehören.

Der direkte Weg eignet sich besonders für Produkte, die teuer sind und für die die Kunden eine Beratung erwarten. Oder für solche, die ihnen erklärt werden müssen oder die speziell auf sie zugeschnitten werden.

Indirekt werden vor allem mittelteure Produkte, die nicht erklärungsbedürftig sind und für die es viele mögliche Kunden gibt, vertrieben.

1. Fit in allen Marketingaktivitäten
1.1 Marktbeobachtung und -analyse

Die 4 Marketinginstrumente
PRAXIS

PRAXIS: Übung 5

A) Stell Dir ein Produkt mit den folgenden Kriterien vor: erklärungsbedürftig, lager- und transportfähig, höheres Preissegment und es muss für den Kunden noch angepasst werden. Welche Vertriebsart erscheint hierfür sinnvoll?

B) Nun ist ein Produkt mit den Kriterien nicht erklärungsbedürftig, lager- und transportfähig, mittleres Preisniveau, zahlreiche potentielle Kunden zu beurteilen. Welche Vertriebsart ist hierfür am besten geeignet?

PRAXIS: Übung 6

Die PRIMA Kölsch Privatbrauerei GmbH & Co. OHG verzeichnet einen Umsatzrückgang ihres wichtigsten Produkts, dem PRIMA Kölsch. Das Getränk wird bisher ausschließlich über den Groß- und Einzelhandel vertrieben. Auf neuen Vertriebswegen sollen neue Zielgruppen gewonnen werden. Lea soll einige Vorschläge machen, bitte unterstütze sie dabei.

A) Welche neuen Absatzwege sind für den Vertrieb des PRIMA Kölsch zukünftig geeignet?

B) Wie können die Umsatzeinbußen beim PRIMA Kölsch durch andere Maßnahmen aufgefangen werden?

Hier ist Platz für Deine Notizen. Einen Lösungsvorschlag findest Du am Ende des Buchs.

Marktforschung

Marktbeobachtung • Marktanalyse • Marktforschungsinstitute

1. Fit in allen Marketingaktivitäten
1.1 Marktbeobachtung und -analyse

Wie ist die Lage?

In der **Marktforschung** läuft alles darauf hinaus, eine Vorhersage über die Marktsituation zu treffen, damit die vier Marketinginstrumente erfolgreich eingesetzt werden können. Dazu ist der Markt genau auszuspähen. Lea, Auszubildende bei der PRIMA Kölsch Privatbrauerei, stellt sich vor, sie sei Sir Robert Alexander Watson-Watt, der ein überdimensionales Radar erfindet, das den Markt genau abscannt und die Wünsche der Menschen ortet.

In Wirklichkeit ist natürlich kein Radar im Einsatz, sondern geeignete Methoden, die alle gewünschten Marktdaten ans Tageslicht bringen: Die **Marktbeobachtung** und die **Marktanalyse**. An erster Stelle zählt hierbei Genauigkeit. Sind die Daten falsch, gerät ein Unternehmen schnell in eine Falle, die teuer werden kann.

Zielgruppe, Standort, Marktpotential – wer bietet Daten an?

- Forsa
- Infas
- Institut für Demoskopie Allensbach (AWA; Allensbacher Markt- und Werbeträger-Analyse)
- Ipsos
- Psyma Group
- Gesellschaft für Konsumforschung GfK
- The Nielsen Company
- Verbände, wie die Arbeitsgemeinschaft Deutscher Marktforschungsinstitute e.V. (ADM)
- Berufsverband Deutscher Markt- und Sozialforscher e.V.
- Statistisches Bundesamt
- Statistisches Amt der Europäischen Union
- u. a.

1. **Fit in allen Marketingaktivitäten**
1.1 Marktbeobachtung und -analyse

Marktforschung

Marktbeobachtung • Marktanalyse • Primärforschung (engl. field research) • Sekundärforschung (eng. desk research)

Wo bin ich?

Es folgt zunächst eine Hilfe zur Orientierung in der Welt der Marketing-Begriffe: Der **Marktforschung** stehen die Mittel **Marktbeobachtung** und **Marktanalyse** zur Verfügung. Auf beiden Wegen sind sowohl **Primärforschung** als auch **Sekundärforschung** anzutreffen. Hier entspringen die Daten, die den 4 Ps richtungsweisende Informationen liefern.

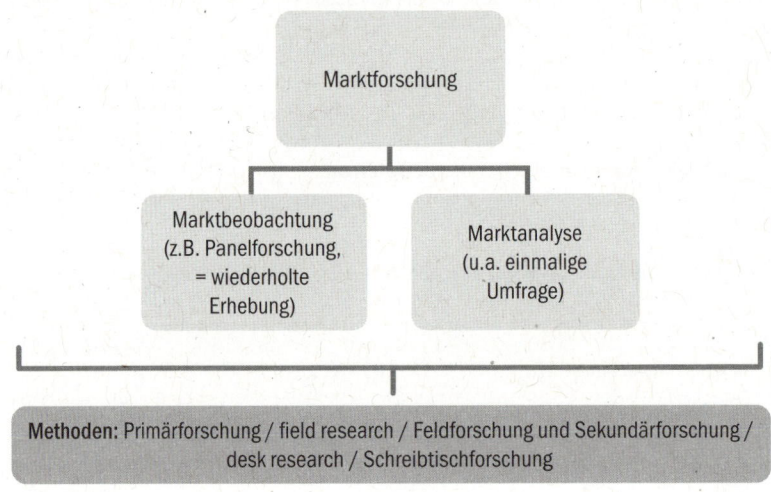

Prüfungstipp von Emir

Marktbeobachtung...

... hat die fortwährende Entwicklung des Marktgeschehens und aufkommende Veränderungen im Blick.

Marktanalyse...

... bildet eine Momentaufnahme der aktuell bestehenden Marktstruktur ab.

Marktforschung

Marktbeobachtung • Marktanalyse • Primärforschung (field research) • Sekundärforschung (desk research)

1. Fit in allen Marketingaktivitäten
1.1 Marktbeobachtung und -analyse

Datenpakete

Kundenwünsche stehen nicht in den Sternen, zur Erforschung des Marktes müssen handfeste Daten her. Diese sind zum einen in mühsamer Eigenarbeit im „Feld" zu finden, zum anderen landen sie als Convenience-Paket fertig aufbereitet auf dem Schreibtisch.

Feldarbeit: Daten aus der Primärforschung	Schreibtischarbeit: Daten aus der Sekundärforschung
• unternehmensinterne Befragung: mündlich oder schriftlich; bei Herstellern, auf Messen, bei Lieferanten • Beobachtung, u.a. Feldbeobachtung (Passanten, potentielle Käufer im Kaufhaus oder Laborbeobachtung)	• unternehmensinterne Daten: z.B. Kundendaten, Statistiken, Daten aus dem Rechnungswesen, dem Archiv, aus Außendienstberichten, dem Intranet
• unternehmensexterne Befragung und Beobachtung • Experiment • Mystery Shopping (= Testkäufe zur Überprüfung der Servicequalität)	• unternehmensexterne Daten: z.B. Fachliteratur, Daten von Marktforschungsunternehmen, vom Statistischen Bundesamt, aus dem Internet, aus audiovisuellen Medien

Prüfungstipp von Lea

Die Beurteilung der Daten erfolgt nach den Kriterien:
• Aktualität
• Objektivität
• sachliche Richtigkeit
• Reliabilität/Zuverlässigkeit
• Aussagekraft
• Verfügbarkeit
• Handhabung
• Qualität
• Kosten
• Treffsicherheit
• Urheberrecht
• Datenschutz
• Validität/Gültigkeit, der Wirklichkeit entsprechend

Marktforschung

Beobachtung: demoskopisch • ökoskopisch

Kauflust

Lea und ihre Freundin Hannah, die bei der *Lampen Himmel GmbH & Co. KG* ihre Ausbildung macht, lieben es, bei Sonnenschein gemeinsam durch die Stadt zu schlendern, sich die Leute anzusehen und auf der Suche nach einem coolen Kleidungsstück mal dieses und mal jenes Geschäft abzuscannen. Was sie bisher nicht wussten, auch sie werden beobachtet. Sobald sie in die Markenwelt eines Ladens eintauchen, sind sie die Objekte, die unter Beobachtung stehen. Schlagartig ist der Spieß umgedreht und ihr Verhalten wird zum Untersuchungsgegenstand.

Die Marktbeobachtung beruht sowohl auf dem sinnlich wahrnehmbaren Verhalten, als auch auf objektiv messbaren Marktdaten.

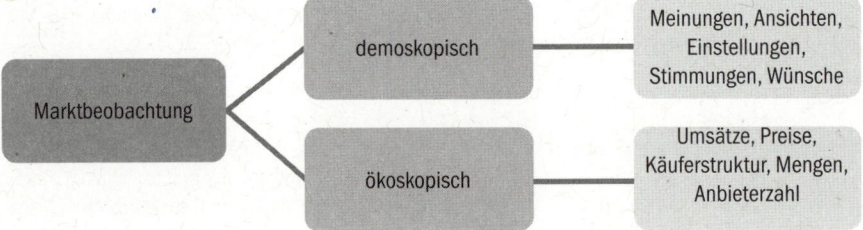

Nutzen für den Berufsalltag: Neuromarketing

Wann das „Haben-Wollen" aktiviert ist, lässt sich unter anderem mit einer Hautleitfähigkeitsmessung ermitteln. Dabei liegen kleine Elektroden in den Handinnenflächen einer Testperson, die jegliche Erregung messen und so die unmittelbaren, unreflektierten, unbewussten Reaktionen auf bestimmte Reize erkennen. Dies zählt, ebenso wie die Blickbewegungsmessung, die Elektroenzephalografie, die Aktivitäten des Gehirns erkennt oder die Herzfrequenzmessung, zum Neuromarketing.

Marktforschung
Beobachtung • Vorteile vs. Nachteile

1. Fit in allen Marketingaktivitäten
1.1 Marktbeobachtung und -analyse

Im Fokus

Raus aus der Theorie, rein in die Praxis: Wie sieht die Informationsbeschaffung konkret aus? Eins der häufigsten Mittel ist die **Beobachtung** ohne Befragung der potentiellen Kunden. Sie erfolgt, um etwa Reaktionen auf Displays und Zweitdisplays zu erkennen, um Reaktionen auf bestimmte Waren zu analysieren oder um die Anzahl der Kunden zu ermitteln. Dazu gibt es unterschiedliche Möglichkeiten.

1. Teilnehmende Beobachtung: Ein Beobachter mischt sich unter die Kunden, die nicht wissen, dass sie unter Beobachtung stehen, und ist mitten im Geschehen.
2. Nicht teilnehmende Beobachtung: Der Beobachter ist kein Teil der Kaufsituation.
3. Unpersönliche Beobachtung: Die Beobachtung erfolgt mithilfe technischer Geräte, wie Videokameras, Sensorik-Systeme zur Erfassung der Kundenfrequenz oder des Kundenstroms (z.B. Thermalkameras, Lichtschranken) oder Scanner zur Zählung der Käufe.
4. Selbstbeobachtung: Ein Beobachter gibt seine eigene Erfahrung bei einem Kauf wider oder er wird mit Messgeräten zum Offenbarwerden seiner eigenen Wahrnehmung ausgestattet, also apparativ, z.B. zur Messung der Aktivierung, etwa der Blickbewegung (engl. = Eyetracking; Aktivierungspotential auch zur Messung von durch Werbung aktivierter Reize).
5. Feldbeobachtung: Die Beobachtung erfolgt in der natürlichen Umgebung (auch das Feldexperiment).
6. Laborbeobachtung: Eine Testperson findet sich in einem Versuchsraum ein, der eigens zu diesem Zweck eingerichtet ist, etwa für einen Geschmackstest (auch das Laborexperiment).

Nutzen für den Berufsalltag: Begriffe

Biotisch: Die beobachtete Person weiß nicht, dass sie beobachtet wird.
Quasi-biotisch: Der Beobachter weiß von seinem Einsatz, ist jedoch nicht über die genaue Aufgabe und den konkreten Zweck informiert.
Nicht-biotisch: Die Testperson ist voll über ihre Aufgabe und ihren Zweck informiert.
Aktivierung: neurophysiologische Methode, Erregung und Anspannung

---

Prüfungstipp von Hannah

Vorteile der Beobachtung:

Das Verhalten ist direkt ersichtlich, die Käufer befinden sich in ihrer „natürlichen" Umgebung.

Videoaufzeichnungen liegen zur Analyse vor, sind beliebig oft wiederholbar, einzelne Bilder lassen sich zur Detailanalyse „einfrieren" oder vergrößern. Objektivität ist durch Messungen gegeben.

Nachteile der Beobachtung:

Emotionen und Kaufabsichten sind subjektiv.

Beweggründe (Warum nimmt sie/er jetzt genau dieses Shirt in die Hand?) sind nicht zu ermitteln, sondern nur durch zusätzliche Befragung möglich.

1. Fit in allen Marketingaktivitäten
1.1 Marktbeobachtung und -analyse

Marktforschung
Experiment • Fragebogen

Experimentierfreude

Als Hannah kürzlich die Post aus dem Briefkasten zog, steckte ein Flyer zwischen den Briefen: *Bessern Sie Ihre Haushaltskasse auf! Werden Sie Produkttester und erhalten Sie Prämien, Produkte oder Gutscheine.* Da Hannah schrecklich neugierig und meistens knapp bei Kasse ist, hat sie die Teilnahmekarte mit dem Einverständnis ihrer Eltern abgeschickt. Seitdem erhält sie regelmäßig Produktproben zum Testen. Für jeden Artikel muss sie einen Fragebogen beantworten. *Mögen Sie den Geruch? Gefällt Ihnen die Verpackung? Lässt sich die Creme leicht auftragen? Vermissen Sie etwas? Welches Konkurrenzprodukt haben Sie bisher gekauft? Würden Sie wechseln?* Die Auszubildende hilft so mit einem Produkttest aktiv der Marktforschung und freut sich über Lippenstifte, Shampoos und Nagellacke, die sie behalten darf. Der Produkttest ist eins von vielen möglichen Experimenten. Einige weitere Beispiele:

Verpackungstest = Reaktion auf die Verpackung

Werbemitteltest = Verständnis der Werbemittel, Erinnerung auslösend

Starch-Test = Erinnerung an Markennamen oder Assoziation von Produkt und Marke

Nutzen für den Berufsalltag: Ziele
- tatsächliche Gründe für einen Kauf aufdecken
- Vorlieben erfahren (auch an Probierständen)
- bisheriges Konsumverhalten kennenlernen
- Prognosen über zukünftiges Kaufverhalten treffen
- Informationsgewinn zur Sicht auf das Unternehmen
- Reaktionen auf Marketingmaßnahmen

} Verbesserung der Kundenbindung, Anpassung des Angebots, Konkretisierung der Werbung, Schwachstellenanalyse

---

Prüfungstipp von Kevin

Ein professioneller **Fragebogen** nach den Kriterien der Reliabilität (= Zuverlässigkeit) und Validität (= Gültigkeit) beinhaltet mehrere Bausteine:

- Einleitung mit einnehmender Eingangsfrage
- Hauptteil zur Informationsgewinnung.

Themenbereiche bündeln, „keine Angabe" als Antwortoption anbieten, um Verfälschungen zu vermeiden,

Filterfragen „wenn ja, dann...",

Wechsel von geschlossenen und offenen Fragen, Meinungs- und Überzeugungs- und Verhaltensfragen

Achtung: Das Ganze darf nicht ewig dauern, zehn Minuten Ausfüllzeit gelten als annehmbar.

Marktforschung

Befragungsmittel • Befragung Vorteile vs. Nachteile • Praxis

1. Fit in allen Marketingaktivitäten
1.1 Marktbeobachtung und -analyse

Mittel der Befragung: Ein Unternehmen, das die Wünsche seiner Kunden genau kennt, kann diese erfüllen. Platziert es seine Produkte ins Blaue hinein, macht es erheblich weniger Menschen glücklich. Welche Mittel stehen für eine Befragung zur Verfügung?

- die persönliche und mündliche Befragung bzw. das Interview; zu Hause, auf der Straße, in einem Teststudio oder als Telefonumfrage (unter Berücksichtigung der Gesetzeslage)
- die schriftliche Befragung, als Briefumfrage, Onlinebefragung oder in Form von Produkttests mit Fragebögen
- die Befragung unterschiedlicher Personengruppen, Konsumenten, Abnehmer, Experten
- die Einthemenbefragung, die Mehrthemenbefragung („Omnibus-Befragung")
- die Einmalbefragung, die Mehrfachbefragung (als Panel, also als wiederholte Befragung der identischen Zielpersonen/der Stichprobe (= Teil einer Gesamtheit), oder als Wellenbefragung zum gleichen Thema, zur gleichen Zeit, aber mit wechselnden Personen)
- Taktik: direkt, dabei sind die Fragen geradeheraus formuliert, oder indirekt, wobei die Fragen geschickt verpackt sind

Interviewer zeichnen Offenheit und Kontaktfreude sowie Kommunikationsstärke aus. Sie werden für ihre Aufgabe in den Grundlagen der Marketingforschung ausgebildet oder in einer Unterweisung auf die Interviews vorbereitet. Später sind sie stichprobenartig zu kontrollieren.

PRAXIS: Übung 7

Die Lila Lounge GmbH, die in Deutschland in mehreren Filialen Möbel verkauft, möchte mehr über die Wünsche ihrer Kunden erfahren. Azubi Kevin soll Fragen für einen Fragebogen überlegen, der später in Papierform als Interviewgrundlage eingesetzt wird. Der Einstieg sieht so aus: Lieber Kunde, wir möchten Sie bitten, sich einen Moment Zeit zu nehmen und uns Ihre Meinung zu unserem Angebot mitzuteilen, damit wir Ihre Wünsche in Zukunft noch besser erfüllen können. Ihre Antworten werden selbstverständlich vertraulich behandelt. A) Hilf Kevin und formuliere fünf mögliche Fragen! B) Welchen Nutzen kann Kevins Ausbildungsbetrieb aus den gewonnenen Informationen ziehen?

Prüfungstipp von Lea

Vorteile der Befragung:

Die Befragung geht über die Beobachtung hinaus. Fragebögen sind nach den Kriterien Objektivität, Reliabilität und Validität konstruiert, zusätzliche Fragen sind möglich. Sie bietet die Lieferung ausführlicher Informationen.

Nachteile der Befragung:

Falschangaben sind möglich, sowie ein Missverstehen der Fragen. Das Antwortverhalten lässt sich durch geschickte Aneinanderreihung der Fragen beeinflussen. Schriftliche Befragung kann eine geringe Rücklaufquote haben und es existiert eine mögliche Beeinflussung durch dritte Personen, darüber hinaus fehlende Flexibilität während der Befragung. Ein Interview verursacht hohe Kosten und dauert lange.

1. **Fit in allen Marketingaktivitäten**
1.1 Marktbeobachtung und -analyse

Marktforschung

Marktentwicklung • Prognose • Praxis

Wie ist die Prognose?

Erster sein oder besser als der Erste sein, etwas Neues machen, in Erinnerung bleiben – diese drei Leitsprüche gehören zu den wichtigsten der Marketingfüchse. Aber wie? Mithilfe der Marktforschung, also der Ergebnisse aus Beobachtung und Befragung oder Experimenten, können die Fachleute ermitteln, welche zündenden Marketingmaßnahmen zukünftig nötig sind und Prognosen treffen, wie sich der Markt in Zukunft entwickelt, um auf der Umsatzgeraden vorne dabei zu sein.

Prüfungstipp von Emir

Prognosen

Eine Prognose trifft eine Vorhersage über den mutmaßlichen Absatz auf der Grundlage von drei Voraussetzungen:

1. eine bestimmte Zielgruppe
2. ein bestimmter Zeitraum (kurzfristige, mittelfristige, langfristige Prognosen)
3. bestimmte Marketingmaßnahmen

Prognosen machen Aussagen zu:
- Marktpotential
- Absatzpotential
- Marktvolumen
- Absatzvolumen
- Marktanteil

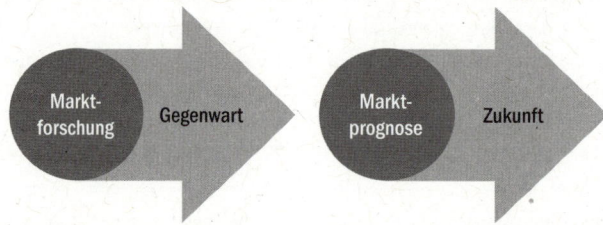

PRAXIS: Übung 8

Die *Lila Lounge GmbH* plant eine Befragung. Die Bedingungen lauten: Kosten niedrig, kurze Befragung. Entscheide, welche Art der Befragung, persönlich, telefonisch oder online, in Frage kommt.

Hier ist Platz für Deine Notizen. Einen Lösungsvorschlag findest Du am Ende des Buchs.

Prognosen
Prognoseverfahren • Zeitreihenanalyse • gleitender Durchschnitt

1. **Fit in allen Marketingaktivitäten**
1.1 Marktbeobachtung und -analyse

Aufgereiht und glattgebügelt

Prognose
Eine Prognose beginnt mit der Datenermittlung, daraufhin folgt die Datenanalyse, die das Erkennen von Gesetzmäßigkeiten und das Herstellen von Zusammenhängen beinhaltet. Die Daten sind anschließend in Bezug auf ihre zukünftige Entwicklung zu bearbeiten und zu einer **Prognose** auszuformulieren. Häufig verwendete Prognoseverfahren sind die quantitativen Verfahren des gleitenden Durchschnitts und der exponentiellen Glättung 1. Ordnung.

Zeitreihe
Eine Zeitreihe gibt Daten des gleichen Sachverhalts für bestimmte Zeitpunkte oder Zeiträume in einer Reihe an. Messzahlen spiegeln dabei die prozentuale Entwicklung wider. Hier ein Beispiel, das den Umsatz und die Messzahlen eines Produkts in den ersten 4 Wochen einer Produkteinführung darstellt. Der Umsatz der ersten Woche macht als Messzahl 100 Prozent aus. Nach vier Wochen ist der Umsatz auf 180 Prozent gestiegen. Es soll eine Prognose für die nächste Woche erfolgen, die KW (= Kalenderwoche) 5.

KW	Umsatz in €	Messzahl
1	10.000	100 %
2	12.400	124 %
3	15.000	150 %
4	18.000	180 %

Gleitender Durchschnitt
Wie wird die Entwicklung wahrscheinlich weitergehen? Dazu ist das arithmetische Mittel zu errechnen, das einen Durchschnittswert beschreibt. Zunächst die Durchschnittsberechnung: (10.000 + 12.400 + 15.000 + 18.000) : 4 = 13.850

Dieser Durchschnitt ist dem nächsten folgenden Prognosezeitraum zugrunde zu legen. Im vorliegenden Beispiel ist also davon auszugehen, dass in der KW 5 13.850 Euro Umsatz erzielt werden.

Prognosen

Prognoseverfahren • Zeitreihenanalyse • gleitender Durchschnitt • exponentielle Glättung 1. Ordnung • PRAXIS

Die Prognose für die KW 6

Nun vergeht die fünfte Woche des Jahres und der tatsächlich erzielte Umsatz beträgt 17.400 Euro. Er liegt damit über dem Prognosewert.

Um jetzt die Prognose für die folgende Woche, die KW 6, aufzustellen, muss aus der ersten Zeitreihe der erste Wert (hier 10.000) herausgenommen und der neue Wert (hier 17.400) aus der KW 5 hinzuaddiert werden: (12.400 + 15.000 + 18.000 + 17.400) : 4 = 15.700

Der wahrscheinliche Wert für die KW 6 liegt damit bei 15.700 Euro.

Exponentielle Glättung erster Ordnung

Die Verwendung eines Glättungsfaktors, der zwischen 0 und 1 liegt, berücksichtigt zum Beispiel Zufallsschwankungen. Ein niedriger Faktor stuft die früheren Werte höher ein, ein hoher Faktor die zeitnah zurückliegenden. Angenommen im Beispiel oben ist ein Glättungsfaktor von 0,3 einzusetzen. Wie ist dann die Prognose für die KW 6?

13.850 + 0,3(17.400 − 13.850) = 13.850 + 0,3 x 3.550 = 14.915

Die Prognose für die KW 6 liegt unter Einbezug der exponentiellen Glättung folglich bei 14.915 Euro.

PRAXIS: Übung 9

Lea soll eine Absatzprognose nach der Methode der exponentiellen Glättung 1. Ordnung erstellen. Es geht um das Kernprodukt der Brauerei, das *PRIMA Kölsch*. Lea erhält Informationen zur abgesetzten Hektoliter-Menge aus den Jahren 2020 bis 2024. Wie ist die Prognose für 2026? Als Glättungsfaktor soll sie den Wert 0,8 einsetzen. Für diese Übung brauchst Du noch die Information, dass die tatsächlich abgesetzte Menge im Jahr 2025 420 000 hl beträgt und die Tabelle rechts.

Jahr	Absatz in hl
2020	500 000
2021	480 000
2022	490 000
2023	450 000
2024	425 000

Marktforschung
Marktkennzahlen • Formeln

1. **Fit in allen Marketingaktivitäten**
1.1 Marktbeobachtung und -analyse

Das Handwerkszeug der Marktanalyse

Wer jetzt und zukünftig Profit machen will, muss nicht nur den Markt erforschen, sondern auch das Einmaleins der Marktkennzahlen in- und auswendig können. Welche Kennzahlen zur Marktentwicklung könnten Lea, Kevin, Emir und Hannah in ihren Ausbildungsbetrieben begegnen? Eine Auswahl:

1. **Marktpotential**
   Welche potentielle Absatzmenge können wir maximal erreichen? Die Formel dazu:
   Anzahl der Verbraucher x Kaufmenge je Beschaffungsakt x $\dfrac{\text{Käufe pro Jahr}}{\text{Jahre gesamt}}$ x Zyklusdauer

2. **Marktvolumen**
   Wie groß ist das Volumen, das die Branche insgesamt absetzt? Die Formel:
   Marktvolumen = Inlandsproduktion + Importe – Exporte

3. **Absoluter Marktanteil in %**
   Wie hoch ist unser Marktanteil? Dafür gilt die Formel:
   absoluter Marktanteil = $\dfrac{\text{eigener Umsatz}}{\text{Marktvolumen}}$ x 100

4. **Relativer Marktanteil**
   Welchen Anteil haben wir im Verhältnis zu unserem größten Mitbewerber am Markt? Auch hierzu die Formel:
   relativer Marktanteil = $\dfrac{\text{eigener absoluter Marktanteil}}{\text{absoluter Marktanteil größter Mitbewerber}}$ x 100

5. **Marktsättigungsgrad**
   Wann geht nichts mehr? Dafür gilt die Formel:
   = $\dfrac{\text{Marktvolumen}}{\text{Marktpotential}}$ x 100

1. **Fit in allen Marketingaktivitäten**
1.1 Marktbeobachtung und -analyse

Marktforschung
PRAXIS

PRAXIS: Übung 10

Die Bierbranche hat 2024 79,49 Millionen Hektoliter Bier abgesetzt. Der Absatz ist leicht rückgängig. Die *PRIMA Kölsch Privatbrauerei GmbH & Co. OHG* hat auf dem gleichen Absatzmarkt 680 000 Hektoliter abgesetzt. Hauptanteil hat daran das *PRIMA Kölsch*, den Rest machen weitere Sorten aus. Alkoholfreies Bier wird nicht eingerechnet. Peter Köllner, Marketingleiter der Brauerei, geht nach Analyse von Marktgröße, Marktwachstum und Trends davon aus, den Absatz trotz des allgemeinen leichten Nachfragerückgangs mit entsprechenden Marketingaktivitäten um fünf Prozent steigern zu können. Auszubildende Lea muss dem Marketingleiter einige Zahlen vorlegen. Hilf ihr bei der Ausarbeitung.

A) Benenne Marktpotential, Marktvolumen, Absatzvolumen und Marktanteil.

B) Berechne den Marktsättigungsgrad.

Hier ist Platz für Deine Notizen. Einen Lösungsvorschlag findest Du am Ende des Buchs.

Kaufkraft
Standortanalyse

1. Fit in allen Marketingaktivitäten
1.1 Marktbeobachtung und -analyse

Traumlage: Die richtige Lage eines Geschäfts ist wie das gut ausgesuchte Fanggebiet für ein Fischernetz. Damit genügend Fische ins Netz gehen, muss es perfekt platziert sein. Während der Fischer seine Fanggebiete bestens kennt, lassen Unternehmen **Standortanalysen** anfertigen. Zu berücksichtigen sind darin:

- Kaufkraft und Menge der Laufkundschaft
- Höhe der Investitionen in Räume und/oder Lager
- Größe der Ladenfläche und Schaufensterfläche
- Dauer des Mietvertrags
- Gewerbesteuerhebesatz
- Niveau der Gegend
- Einbettung in bestehende Einzelhandels- und Infrastruktur oder in ein Industriegebiet
- Konkurrenzsituation
- Verkehrsanbindung
- Parkplätze für Kunden und Mitarbeiter
- Anfahrtmöglichkeit für Lieferanten

Die Standortanalyse muss zudem folgende Fragen klären: Welche **Kaufkraft** hat der Standort? Anders gefragt: Wohnen im Einzugsgebiet eines Standorts genug Menschen, die die zu verkaufenden Produkte auch erwerben werden? Wie ist die Erreichbarkeit des Geschäfts zu beurteilen? Welches Potential hat das Umfeld? Welche Geschäfte werden sich in Zukunft ansiedeln?

Die Standortanalyse hat also wirtschaftliche Bedeutung, von der die Existenz eines Unternehmens abhängt. Je höher die zu erwartenden Kosten sind, umso mehr lohnt sich die Investition in einen Wirtschaftsanalysten, der eine professionelle Standortanalyse erstellt (z.B. IHK, Geomarketing). Ist das Risiko abgecheckt, kann der Unternehmer seinen Fang beginnen und hoffen, dass ihm zahlreiche Kunden ins Netz gehen.

Kaufkraft
AWA-Nielsen-Ballungsräume

Je nach Region

In der Allensbacher Markt- und Werbeträgeranalyse (= AWA) tauchen auch die Nielsen-Ballungsräume auf. Dies sind durch die Nielsen Company, eins der führenden Unternehmen zur Lieferung von Marketing- und Mediadaten sowie von Branchen- und Verbraucherinformationen, 13 festgelegte regionale Gebiete in Deutschland. Anhand der Daten wird das unterschiedliche Verbraucherverhalten in verschiedenen Regionen, oder der Vergleich von Produkten in unterschiedlichen Gebieten deutlich; z.B. wie viele Personen in dem jeweiligen Gebiet schon einmal ein Taxi genutzt haben oder wie viele Menschen Milch trinken. Neben dem Konsumverhalten wird im Speziellen auch die Kaufkraft analysiert. Zudem existieren sieben deutsche Nielsengebiete, in denen jeweils mehrere Bundesländer nach Marktgegebenheiten, Kaufkraft und Konsumverhalten zusammengefasst sind.

Die AWA liefert darüber hinaus Daten zu Fragestellungen wie: Welche Altersgruppen nutzen bestimmte Produkte oder Dienstleistungen? Welches Nettoeinkommen haben die Befragten? In welcher Lebensphase befinden sie sich? Diese Daten, und einige mehr, werden schließlich zur Erarbeitung einer geeigneten Strategie benötigt.

Produkt-Markt-Verhältnis
Ansoff-Matrix

1. Fit in allen Marketingaktivitäten
1.1 Marktbeobachtung und -analyse

Alles eine Frage der Strategie

Manchmal fühlt Kevin, Azubi beim Möbelhersteller *Lila Lounge GmbH*, sich wie in einer Detektei, seit er in die WQ Marketing und Vertrieb eingestiegen ist. Hier lautet die Devise: Strategisch vorgehen. Soll das Marketing alles beim Alten belassen oder neue Wege beschreiten? Nach der **Ansoff-Matrix** des Mathematikers und Wirtschaftswissenschaftlers Harry Igor Ansoff ist Kevins Ausbildungsbetrieb mit vier möglichen Strategien konfrontiert:

1. **Marktdurchdringung:** Markt vorhanden, Produkt vorhanden
   ⇨ Nachfrage erhöhen
   ⇨ Kunden abwerben

2. **Marktentwicklung:** Produkt vorhanden, Markt neu
   ⇨ Erschließung demoskopischer Märkte (z.B. neuer Altersklassen)
   ⇨ geografische Ausweitung des Markts

3. **Produktentwicklung:** Markt vorhanden, Produkt neu
   ⇨ Innovationen
   ⇨ Produkte ersetzen
   ⇨ Variantenreichtum

4. **Produktdiversifikation:** Produkt neu, Markt neu
   ⇨ Entwicklung eines neuen Produkts, gleichzeitig Erschließung neuer Märkte

---

Prüfungstipp von Hannah

Wo geht es lang? Das ist manchmal schwer zu entscheiden. Behalte Dein Ziel vor Augen: Die Prüfung!

Die Ansoff-Matrix ist eine Vertiefung des Marketingwissens und möglicher Prüfungsstoff. Vielleicht musst Du die vier Strategien erläutern oder anhand eines Fallbeispiels die Zuordnung zu einem der Quadranten bestimmen.

1. **Fit in allen Marketingaktivitäten**
   1.1 Marktbeobachtung und -analyse

Produkt-Markt-Verhältnis
Ansoff-Matrix • Hochpreisstrategie • PRAXIS

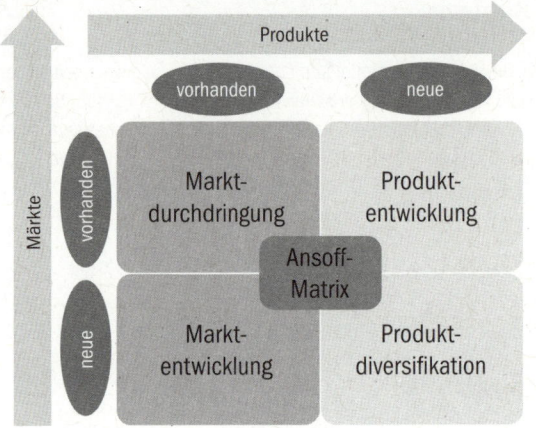

Prüfungstipp von Kevin

Die *Lampen Himmel GmbH & Co. KG* verfährt mit der Markteinführung einer neuen Luxus-Lampe nach der **Hochpreisstrategie**. Hierzu die wichtigsten Merkmale: Exklusivität, Luxusartikel, hohe Qualität, Alleinstellungsmerkmal, Marktdominanz durch Spezialisierung, Abgrenzung zur Niedrigpreisstrategie, Verkauf weit über marktüblichen Preisen, teuer = besser, ausgewählter, zahlungskräftiger Kundenkreis, zielgerichtete Werbung, Verwandlung eines gewöhnlichen, bewährten Produkts durch einen neuen Look und entsprechendes Marketing in ein Premium-Produkt.

PRAXIS: Übung 11

Die *Lampen Himmel GmbH & Co. KG* nimmt ein Premiumprodukt in ihr Sortiment auf, die Lampe *Fool-Light*, die über eine App aus der Ferne zu bedienen ist und bei Abwesenheit der Hausbewohner deren Anwesenheit vorgibt, um Einbrecher auszutricksen. Damit hat dieses Modell eine Ausweitung seiner bisherigen Leistung erhalten, das bisher einzigartig auf dem Markt ist. Hannahs Familie kann aus einem zehntägigen Sommerurlaub in Italien jeden Tag zu Hause die Lampen ein- und ausschalten und so vortäuschen, dass jemand da ist. Und damit sie sich in ihren Ferien nicht täglich mit der Bedienung ihrer Lampen beschäftigen müssen, sind verschiedene Intervall-Schaltungen vorinstalliert. A) Welche Preisstrategie ist für den Verkauf der Fool-Light-Lampe naheliegend? B) Um welche Produktstrategie handelt es sich in diesem Fall?

Marktentwicklung

Konjunkturphasen: Expansion • Boom • Rezession • Depression

1. **Fit in allen Marketingaktivitäten**
1.1 Marktbeobachtung und -analyse

Bergauf – Bergab

Die *Lampen Himmel GmbH & Co. KG* ist auf dem Gipfel des Erfolgs angekommen. Die Sortimentseinführung der neuen Lampe Fool-Light zur Wohnungseinbruchs-Prävention ist ein Erfolg. Hohe Einbruchszahlen haben das Sicherheitsbedürfnis der Menschen und den damit verbundenen Wunsch, sich zu schützen, verstärkt. Mit der neuen Lampe ist der *Lampen Himmel* in eine passende Marktlücke hineingerutscht und der Umsatz erfährt einen Schwung nach oben.

Wenn bei der Betrachtung einer volkswirtschaftlichen Lage insgesamt von einem Boom die Rede ist, ist damit eine der Konjunkturphasen gemeint.

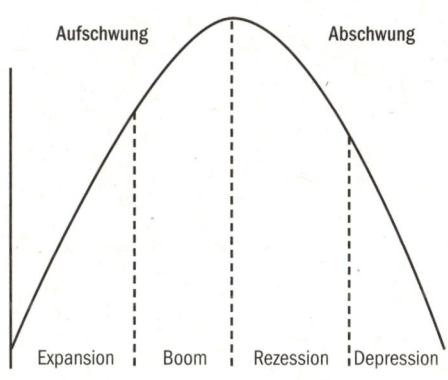

Expansion: Diese Phase ist die Zeit der Erholung nach einer Krise. Investitionen und Konsum nehmen langsam wieder zu, ebenso steigen Preissteigerungsrate und Bruttoinlandsprodukt leicht an.

Boom: Diese Phase spiegelt eine Hochkonjunktur wider. Sie hat aber einen Nachteil für Verbraucher. Eine hohe Nachfrage kann zum übermäßigen Anstieg der Preise führen.

Rezession: In dieser Phase geht es wirtschaftlich bergab. Investitionen und Konsum lassen nach, Löhne stagnieren und Unternehmen schlagen einen Sparkurs ein.

Depression: In dieser Phase befindet die Wirtschaft sich an ihrem Tiefpunkt. Sie ist von hoher Arbeitslosigkeit und zahlreichen Insolvenzen geprägt.

1. **Fit in allen Marketingaktivitäten**
1.1 Marktbeobachtung und -analyse

Mitbewerber

Mitbewerberbeobachtung • Monitoring • Konkurrenzanalyse

Von den Besten lernen

Wie ist ein Wettbewerbsvorteil zu erzielen? Um diese Nuss zu knacken, muss die Marketingabteilung genau erfassen, was die Mitbewerber machen. Um besser zu sein, muss sie genau Bescheid wissen, was die Konkurrenz treibt. Dies geschieht im Rahmen des **Monitorings**, der ständigen Überwachung der anderen Unternehmen. Diesem Prozess liegt die Protokollierung sämtlicher Aktivitäten derjenigen, die ähnliche Produkte oder Dienstleistungen verkaufen und dieselben Kunden ansprechen, zugrunde.

Für eine **Konkurrenzanalyse** macht es Sinn, eine Auswahl der wichtigsten konkurrierenden Unternehmen zu treffen. So lassen sich neue oder sich verändernde Markttrends erkennen, die unmittelbar Einfluss auf den Verlauf der Geschäfte nehmen. Es geht um diese Reaktionen: • Schwächen ausnutzen • Stärken kopieren • Lücken finden und füllen • auf Marketingmaßnahmen reagieren.

Informationen zu folgenden Punkten sind zu sammeln und mit den eigenen Daten in Beziehung zu setzen:

Allgemeines	Strategie	Produkte	Marketing	Service	Vertrieb
– Standort – Firmengröße – Anzahl der Mitarbeiter – Firmengeschichte – Leistungsfähigkeit	– strategische Ziele – neue Standorte – Wechsel des Managements – Outsourcing-Bereiche – personelle Entwicklung – Marktanteile	– Produktsortiment – Erweiterung des Sortiments – Produkteinführungen – Markenstrategie – Lieferbedingungen	– Umfang und Art der Marketingmaßnahmen – Marketingbudget – Teamgröße – Marketingabteilung – beauftragte Agenturen	– Servicecenter – Kundendienst – Servicehotline – telefonische Erreichbarkeit – Erreichbarkeit per E-Mail – Fremdsprachen – Kundenzufriedenheit – Bewertungen	– Teamgröße – Vertriebskanäle – Vertriebskooperationen – Absatzmärkte – Absatzgebiete

Und wie gelangt man an all die Informationen? Über das Internet, Social-Media-Plattformen, durch Messung des Werbeaufkommens, z.B. in Print und TV, von Branchenverbänden, vom Statistischen Bundesamt, indem Testkäufe durchgeführt werden oder durch die Analyse der Geschäftsberichte.

Planungsprozess
Planungsprozesskette der Marktforschung • Die 5 „D"

1. Fit in allen Marketingaktivitäten
1.1 Marktbeobachtung und -analyse

Im Marketinghimmel

Die Marktforschung ist eine Startrampe. Mit den richtigen Informationen schießt ein Unternehmen sich auf die Umlaufbahn des Erfolgs. Die gewonnenen Daten dürfen jetzt nur nicht in den Weiten des Marketinghimmels verpuffen. Kompetentes Personal, das die Techniken der Datenauswertung beherrscht, muss im Einsatz sein und im E-Commerce ist eine geeignete Analysesoftware nötig. Vom Problem bis zum Ergebnis durchläuft die Markforschung fünf Phasen, die auch als die 5 „D" bekannt sind.

1. Phase Definition	2. Phase Design	3. Phase Datenerhebung	4. Phase Datenanalyse	5. Phase Dokumentation
Was ist das Thema der Analyse? • Kunde • Produkt • Preis • Produkteinführung • Bekanntheit • Potential • Marktposition • Benchmark • Trends • Marktstruktur • Stärken-Schwächen	Wie lautet die Strategie? • Personengruppe (Verbraucher, Händler, Experten) • Total- oder Teilerhebung/Stichprobe (günstiger, schneller, geringerer Aufwand als Gesamterhebung) • Themen formulieren • Fragebogen entwerfen • Zeitplan	Wie erfolgt die Datengewinnung? • Befragung: persönlich, telefonisch, online • computergestützt (= direkte Dateneingabe in den PC) • Beobachtung • Experiment • nach Dauer und Kostenkriterien	Welche Analysemethode ist geeignet? • deskriptiv, inferenziell oder explorativ • univariat (eine Variable), bivariat (zwei Variablen) oder multivariat (mindestens drei Variablen) • Datenverdichtung und -interpretation	Wie sieht das Ergebnis aus? • Dokumentation der Ergebnisse • Chartbericht (ausführliche Erläuterung zzgl. Diagramme) • Präsentation, z.B. tabellarisch oder grafisch • Datenbankpflege • Controlling

1. Fit in allen Marketingaktivitäten
1.1 Marktbeobachtung und -analyse

Datenanalyse
Datenanalyseverfahren • deskriptiv • inferenziell • explorativ

Planet Datenanalyse

Die **Datenanalyse** ist eine Welt für sich. Sie besteht aus einer Galaxie an Einzelinformationen, die sich nach und nach zu einer komplexen Aussage verdichtet. Dafür ist eine ganze Reihe an Datenanalyseverfahren im Einsatz.

Analysemethoden haben entweder die Erfassung und Beschreibung einer Thematik, die Prüfung einer Hypothese oder die Aufdeckung eines zuvor unbekannten Aspekts zum Ziel. Sie legen dar, sie legen offen, sie decken auf.

Deskriptiv = beschreibend, ohne einen Zusammenhang zwischen den Variablen herzustellen, z.B. *Wie alt sind die Kunden, die Produkt A kaufen?*

Inferenziell = schlussfolgernd; stellt Zusammenhänge her; beschreibt Ursache und Wirkung, z.B. *Steigt die Anzahl der Verkäufe von Produkt A mit einem höheren Rabatt?*

Explorativ = Aufdeckung einer häufig unerforschten Thematik, z.B. *Warum haben die Kunden Interesse an Produkt A?*

Eins der am häufigsten verwendeten Analyseverfahren ist die einfache Korrelationsanalyse, die einen Zusammenhang zwischen zwei quantitativen Merkmalen herstellt.

Eine Auswahl gängiger Datenanalyseverfahren:

Korrelationsanalyse: Wechselbeziehung, z.B. „mehr Rabatt, mehr Kunden"

Clusteranalyse: Zielgruppe

Regressionsanalyse: Prognose

multidimensionale Skalierung: Wettbewerbsposition

multiple lineare Regressionsanalyse: Zusammenhang zwischen mehreren unabhängigen Variablen (= Prädikatoren) und einer abhängigen Variable (= Kriterium)

Conjoint-Analyse: Produkt- und Preisoptimierung

Potentialanalyse: z.B. Untersuchung des Potentials eines Marktes für ein Produkt oder des Potentials der Mitarbeiter

Benchmarking: Vergleich, z.B. von Preisen, Produkten oder mit anderen Unternehmen

Datenanalyse
Korrelationsanalyse

1. Fit in allen Marketingaktivitäten
1.1 Marktbeobachtung und -analyse

Mehr ist mehr

Besteht ein Zusammenhang zwischen zwei Merkmalen? Eine **Korrelationsanalyse** mit zwei Variablen, Rabatt auf Produkt A und Anzahl der Käufer von Produkt A, also bivariat, sieht in Form eines Diagramms folgendermaßen aus:

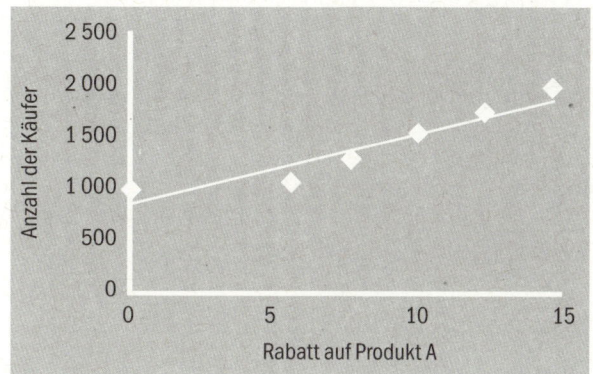

Ohne Rabatt, also zum normalen Preis, verkauft der Händler von Produkt A 1 000 Stück. Je höher der gewährte Rabatt ausfällt, ob 5 %, 10 % oder bis zu 15 %, umso mehr Verkäufe verzeichnet er. Bietet er Produkt A mit 14 % Rabatt an, verdoppelt sich seine Verkaufszahl von 1 000 auf 2 000 Stück. Es besteht folglich eine Korrelation zwischen den Merkmalen: Umso höher der Rabatt, desto mehr Verkäufe.

Darüber hinaus zeigt die Funktion eine geringe Streuung, da die Punkte nah an der Trendlinie liegen. Es lassen sich also zwei Aussagen treffen: Über den Trend und über die Streuung. Hier ist ein Aufwärtstrend zu sehen, der eine positive Korrelation widerspiegelt, und ein niedriger Streuverlust, da die Werte nah am Mittelwert liegen.

Statistik
Häufigkeitsverteilung • Häufigkeitstabelle

Gut verteilt

Wie häufig kommt ein Wert oder ein Merkmal vor? Das beantwortet die Häufigkeitsverteilung. Eine ordentliche und übersichtliche Darstellung ist in einer **Häufigkeitstabelle** möglich. Dies soll mit dem folgenden Beispiel aus der *Second Sight Ltd.* veranschaulicht werden. Das Unternehmen hat Kundschaft in acht Ländern. Emir musste auflisten, wie sich die Kunden auf die Länder verteilen und die absolute Häufigkeit, die relative Häufigkeit und die kumulierte Häufigkeit angeben. Das sah dann so aus:

Kundenherkunft	Anzahl der Kunden		
	absolute Häufigkeit	relative Häufigkeit	kumulierte Häufigkeit
Großbritannien	3 400	46,20 %	46,20 %
Deutschland	1 200	16,30 %	62,50 %
Schweden	800	10,87 %	73,37 %
Norwegen	620	8,42 %	81,79 %
Dänemark	500	6,79 %	88,58 %
Frankreich	410	5,57 %	94,15 %
Niederlande	250	3,40 %	97,55 %
Spanien	180	2,45 %	100 %
	7 360	100 %	

Aus Großbritannien kommen 3 400 Kunden, das sind 46,20 Prozent aller Kunden. Aus Deutschland stammen 1 200 Kunden, das sind 16,30 Prozent aller Kunden. Der kumulierte Wert sagt aus, dass 62,50 Prozent aller Kunden aus Großbritannien und Deutschland kommen.

Bis hierhin hast Du eine Menge über die 4 P und die Datenanalyse erfahren. Jetzt geht es mit der Entwicklung der Marketingmaßnahmen weiter.

---

1. **Fit in allen Marketingaktivitäten**
   1.1 Marktbeobachtung und -analyse

Prüfungstipp von Emir

Absolute und relative Häufigkeit

Absolute Häufigkeit: wird in Zahlen ausgedrückt

Relative Häufigkeit: wird als prozentualer Anteil ausgedrückt

Prozentrechnung: Wenn der Prozentsatz gesucht ist:

$$P = \frac{W}{G} \times 100$$

P = Prozentsatz
G = Grundwert
W = Prozentwert

Werbeplan
Überblick

1. Fit in allen Marketingaktivitäten
1.2 Entwicklung der Marketingmaßnahmen

Von Anfang bis Ende

Das Marketingteam von *Second Sight Ltd.* steht vor der Aufgabe, eine Marketingmaßnahme durchzuführen. Der Prozess der Werbeplanung läuft von Anfang bis Ende folgendermaßen ab:

Werbeplan

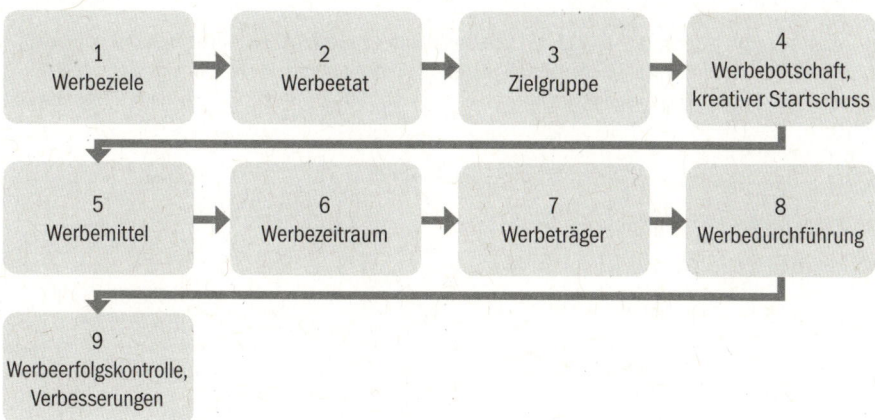

Planungszeiträume: kurzfristig = bis 1 Jahr, mittelfristig = 1 bis 5 Jahre, langfristig = mehr als 5 Jahre

Kreativitätstechniken
Mindmapping

Am Anfang steht die Idee

Manchmal blitzt eine Idee wie aus dem Nichts auf, ein anderes Mal ist einfach kein brauchbarer Einfall in Sicht. Dann können zwei Verfahren zur Ideenproduktion eingesetzt werden, erstens diskursive Verfahren, zweitens intuitive Verfahren. Diskursive Verfahren setzen auf Fakten, Logik, Veränderung von Eigenschaften. Intuitive Verfahren funktionieren durch Intuition, Vision, Assoziation und Spontaneität. Im Folgenden stellen wir Dir einige Verfahren vor.

Wenn unklar ist, wo es langgeht, hilft eine Landkarte, um sich Orientierung zu verschaffen. Auf dem Gebiet der Kreativitätstechniken heißt die Karte zur Ordnung der Gedanken Mindmap, die Technik nennt sich Mindmapping (geprägt durch den Kreativitätstrainer Tony Buzan). Das Ausgangsthema ist hierbei in die Mitte zu setzen, weitere Ideen finden auf den Abzweigungen Platz.

⇨ Gedanken sind bildlich darzustellen
⇨ Beziehungen untereinander sind sichtbar
⇨ Grad der Wichtigkeit ist zu erkennen

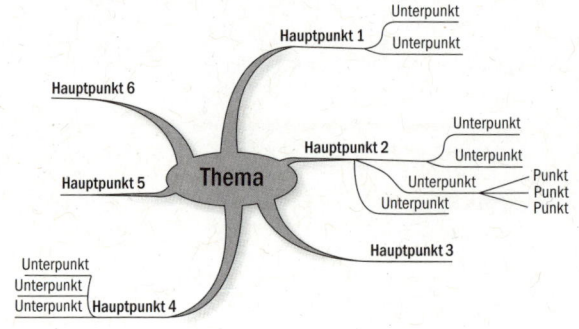

Kurzanleitung Mindmapping: eine große Blankovorlage im Querformat wählen, das Hauptthema in die Mitte schreiben, Hauptzweige zeichnen und mit Kapitelüberschriften versehen, Unterzweige anbauen, dabei mehrere Farben verwenden – es darf bunt werden.

---

1. Fit in allen Marketingaktivitäten
1.2 Entwicklung der Marketingmaßnahmen

Prüfungstipp von Lea

Bewertungskriterien für Ideen für Produktinnovationen

Erfüllt das erdachte Produkt die Erwartung der Kunden?

Existiert Konkurrenz?

Welcher Gewinn ist möglich?

Wie ist die Marktsituation?

Wie sind die Produktionsbedingungen?

Passt es ins Sortiment bzw. zur Programmpolitik?

Passt es zum Image?

Ist es zu finanzieren?

Ist es zu beschaffen?

Welche Vertriebswege sind möglich?

Kreativitätstechniken
Walt-Disney-Methode (engl. disney method)

1. Fit in allen Marketingaktivitäten
1.2 Entwicklung der Marketingmaßnahmen

Ein Problem aus unterschiedlichen Perspektiven analysieren I

Lea und Hannah sind wie Donald Duck, Mickey Mouse und Tik, Trick und Track gleichzeitig. Manchmal sprühen sie vor Ideen und alles scheint möglich, manchmal stecken sie voller Tatendrang und wollen sofort loslegen und an manchen Tagen hinterfragen sie alles und jeden und keiner kann es ihnen recht machen. Um kreativitätsmäßig in Schwung zu kommen, ist die **Walt-Disney-Methode** für die beiden Auszubildenden offenbar genau das richtige. Sie können mal Träumer, mal Realist, mal Kritiker sein.

Die Walt-Disney-Methode funktioniert folgendermaßen: Eine oder mehrere Personen nehmen nacheinander drei Positionen ein: die eines **Visionärs**, der voller Ideen steckt, die eines **Realisten**, der lauter Pläne für die Umsetzung hat und die des **Kritikers**, der ständig nach der Logik eines Sachverhalts forscht. So sind die drei zentralen Fragen zu klären: 1. Was ist möglich? 2. Wie ist es möglich? 3. Warum ist es möglich? Diese Technik ermöglicht es, ein und dasselbe Problem aus drei unterschiedlichen Blickwinkeln zu betrachten.

Wenn ein Unternehmen diese Technik anwendet, kann es auch drei Räume einrichten, die wie ein Bühnenbild zu jeder Rolle passen und die so ausgestattet sind, dass sie die Kreativität anregen. So hat es etwa Walt Disney gemacht, daher der Name. Es können aber auch drei Stühle aufgestellt werden, die die drei Räume symbolisieren und durch beschriftete Schilder gekennzeichnet sind.

Kreativitätstechniken

Die sechs Hüte (engl. six thinking hats)

Ein Problem aus unterschiedlichen Perspektiven analysieren II

Kevin und Emir sehen sich eher als verwegene „Hütchenspieler" und bevorzugen in Kreativitätsfragen die Denkhüte des Psychologen und Mediziners Edward De Bono. Hinter der Methode der sechs denkenden Hüte steckt kein Trickbetrug, sondern ein Rollenspiel. Die Hüte sind dabei die Verkleidung und legen fest, in wessen Haut man gerade steckt.

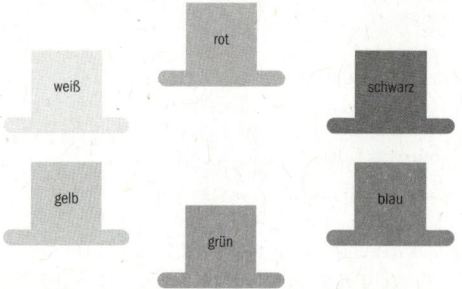

Weiß: der Analytiker, der sich auf Tatsachen beschränkt, für den Zahlen und Fakten gelten

Rot: der Emotionale, dessen Bauch spricht, der Gefühle und Meinungen ausdrückt

Schwarz: der Kritiker, der Risiken erkennt und alle negativen Punkte benennt

Gelb: der Optimist, der das Positive betont, Chancen wittert und den bestmöglichen Fall darstellt

Grün: der Kreative, der neue Einfälle hat und Ansätze entwickelt, die auch verrückt oder unrealistisch sein dürfen

Blau: der Ordner, der lenkt und moderiert und den Überblick behält

Kreativitätstechniken
Brainstorming • Brainswarming

Geistesblitze

Emir ist außerdem ein echter Fan des **Brainstormings**. In einem Meeting zum Brainstorming gerät er richtig in Fahrt, wenn ein Geistesblitz den nächsten entzündet und sich zu einem Feuerwerk aus Ideen entfaltet, wenn jeder Teilnehmer seine Gedanken äußern darf, diese von den anderen der Runde aufgenommen und weiterentwickelt werden und am Ende zahlreiche Impulse auf dem Tisch liegen. So verläuft ein Brainstorming im optimalen Fall. Hin und wieder gerät die Ideenfindung auf diese Art jedoch außer Kontrolle: Alle rufen durcheinander, es geht hin und her, aber ohne Ergebnis, die Teilnehmer blockieren einander, obendrauf wird es immer lauter, während schüchterne Köpfe gar kein Wort mehr herausbekommen. Die gute Nachricht: Ein Einfall muss nicht unbedingt spontan herausgerufen werden, er kann sich – mit einer anderen Methode – auch im Stillen entwickeln.

Brainswarming ist die leise Variante geistreicher Ergüsse: Hierbei arbeiten die Teilnehmer in Ruhe und allein, und notieren ihre Gedanken auf möglichst bunte Post-its, die anschließend auf ein Whiteboard geklebt und zu einer Gesamtgrafik zusammengefügt werden. Dafür kann das Mindmapping System angewendet werden, muss aber nicht.

Nach der kreativen Phase geht es darum, messbare und realisierbare Werbeziele zu formulieren, die mit einem vorgegebenen Etat umsetzbar sind (Top-down oder Bottom-up, also entweder von oben nach unten oder von unten nach oben).

Direct Marketing

Direktmarketing • Dialogmarketing • Imagewerbung

Mitten ins Herz

Unter **Direktmarketing** (engl. direct marketing) fällt jede Werbemaßnahme, die direkt an den möglichen Kunden gerichtet ist. Dies geschieht beispielsweise in einem stationären Geschäft, per Online-Marketing, durch ein Callcenter, von Außendienstmitarbeitern, durch Katalogversand oder in einem Lagerverkauf. Hierbei sind die Regeln der Datenschutzgrundverordnung, DSGVO, zu beachten. Die Verarbeitung personenbezogener Daten darf z. B. nur unter Einwilligung des Empfängers erfolgen.

Vor allem der Kontakt über das Internet ermöglicht einen echten Dialog mit den Kunden, also eine auf jeden Kunden individuell zugeschnittene Ansprache, so dass sich vor allem für diesen Bereich statt der Bezeichnung Direktmarketing immer mehr der Begriff **Dialogmarketing** etabliert. Er ist meistens zu hören, wenn eine Maßnahme eine Option auf Antwort beinhaltet und eine Reaktion einfordert (engl. direct response marketing). Damit sind Werbemittel gemeint, die zurückfließen, wie E-Mails, Ausschnitte aus Zeitungen, Coupons für Verlosungen oder Gutscheine.

Direktmarketing erweist sich am wirkungsvollsten, wenn es eine bestimmte Handlungsaufforderung beinhaltet, es eine Reaktion auslösen soll. **Imagewerbung** ist das Gegenteil: Hiermit wird ein positives Gesamtbild erschaffen, das bei den Nachfragern einen bleibenden Eindruck hinterlassen soll.

Die Zielgruppe

Zielgruppenanalyse • Zielgruppenmerkmale • Persona

1. **Fit in allen Marketingaktivitäten**
1.2 Entwicklung der Marketingmaßnahmen

Im Dialog

Angenommen, ein Haarwuchsmittelhersteller setzt auf Dialogmarketing und verteilt 5-Euro-Gutscheine an 20-jährige, ledige Berufsschüler in Berlin, Hamburg und Frankfurt, verkauft aber keine einzige Ampulle seines Wundermittels. Was ist passiert?

Das Werbemittel, hier der 5-Euro-Gutschein, hat den richtigen Personenkreis verfehlt. Der Unternehmer hat offensichtlich eine **Zielgruppenanalyse** versäumt. Die Kernfrage des Anbieters hätte lauten müssen: WER kauft mein Produkt? Nur mit einer Analyse, die potentielle Haarverlust-Kandidaten herausfiltert, hätte er eine Chance, sein Mittel in einer relevanten Reichweite absetzen zu können. Deshalb bildet die Marktsegmentierung, in der Zielgruppen beschrieben werden, die Basis für die Marketingpolitik.

Definition und Eingrenzung

Wenn die Zielgruppe definiert ist, kann das Marketing seine volle Wirkung entfalten. Es ist perfekt auf die Bedürfnisse potenzieller Kunden zugeschnitten. Das Wissen um Lebensumstände, Werte und Kaufverhalten ist Gold wert. Die Zielgruppenanalyse berücksichtigt Aspekte wie Alter, Beruf, Einkommen, Wertvorstellungen, Umweltbewusstsein oder Ernährungsstil.

Die Persona

Aus den Daten der Zielgruppenanalyse lässt sich ein typischer Kunde kreieren, ein Prototyp, der das Produkt später kaufen wird. Für ein Haarwuchsmittel „New Hair pflanzlich – bewährt seit 15 Jahren" könnte der ideale Kunde folgendermaßen aussehen:

- Männer zwischen 40 und 65 Jahren
- Männer mit Haarausfall und Geheimratsecken
- mittleres bis höheres Einkommen
- mittleres bis höheres Bildungsniveau
- schönheitsbewusst, erfolgsorientiert, die äußere Erscheinung ist wichtig
- legt Wert auf Qualitätsprodukte
- legt Wert auf natürliche Inhaltsstoffe

Zielgruppenmerkmale

1) **Soziodemografisch**, z. B.
   - Familienstand
   - Alter
   - Nationalität
   - Geschlecht
   - Kultur
   - Sprache
   - Wohnort
   - Anzahl der Personen im Haushalt
   - Beruf
   - Einkommen
   - soziale Stellung
   - Schulbildung
   - Ausbildung

2) **Psychografisch**, z. B.
   - Lebensstil und Interessen
   - Meinungen und Werte
   - Motive des Kauf- und Konsumverhaltens

3) **Kaufverhalten**, z. B.
   - Nutzung von Medien
   - Preissensibilität

Die Zielgruppe

Zielgruppenanalyse • Zielgruppenmerkmale • Persona

Aus diesen Daten entwerfen Marketingfachleute oftmals eine fiktive Person:

Markus ist 46 Jahre alt und Filialleiter einer Sparkasse in München. Im Kundenkontakt möchte er frisch und jugendlich wirken. Seit einigen Jahren plagt ihn jedoch Haarausfall am Haaransatz, die Geheimratsecken werden immer größer. Markus möchte ein erfolgsversprechendes Haarwuchsmittel kaufen. Dabei legt er Wert auf ein Produkt mit pflanzlicher Rezeptur. Diskretion ist Markus wichtig. Deshalb sucht er online nach einem geeigneten Mittel.

Mit „Markus" kann der Hersteller jetzt konkret auf die Bedürfnisse möglicher Kunden eingehen. Werbebotschaften und Inhalte lassen sich so formulieren, dass „Markus" darauf anspringt. Er fühlt sich nicht gestört, sondern im Gegenteil: Er erhält eine hilfreiche Information.

Die Zielgruppe
PRAXIS

1. **Fit in allen Marketingaktivitäten**
1.2 Entwicklung der Marketingmaßnahmen

PRAXIS: Übung 12

Die *Lila Lounge GmbH* hat eine Zielgruppenanalyse durchführen lassen. Ordne die folgenden Beispiele den Bereichen 1. Soziodemografie 2. Psychografie und 3. Kaufverhalten zu.

	Die Kunden sind zwischen 25 und 49 Jahre alt.		Es sind überwiegend junge Erwachsene und Paare ohne Kinder.
	Sie urteilen nach Nachhaltigkeitsaspekten. Die Verwendung von Holz aus nachhaltiger Forstwirtschaft ist ihnen wichtig.		Die Nielsen-Ballungsräume liegen in Hamburg, Berlin/Potsdam, Rhein-Ruhr, München.
	Der Produktpreis spielt nur eine nachrangige Rolle.		Sie haben den Wunsch nach einem modernen Zuhause.
	Die Kunden interessieren sich für Möbeldesign.		Sie sind qualitätsbewusst.
	Sie sind berufstätig. Ihr Gehalt liegt bei 3.000 Euro und mehr.		Sie nutzen das Internet, um sich über Möbel zu informieren.

Reichweite

Brutto-Reichweite • Netto-Reichweite

So weit wie möglich

Die *Lila Lounge GmbH* plant eine Kampagne, um den angestaubten Teppichabsatz auf Vordermann zu bringen. Beim Unterbreiten eines Angebots für eine Annonce in einer führenden Wohnzeitschrift preist deren Vertriebsmitarbeiter Kevin an, wie viele Menschen die Werbung sehen werden. Damit teilt er ihm die Reichweite mit.

Brutto-Reichweite = Anzahl der mit den Werbeträgern oder Werbeträger-Kombinationen erreichten Kontakte

Beispiel I: Die *Lila Lounge* schaltet Werbung für besondere handgeknüpfte Teppiche. Die Wohnzeitschrift hat eine Auflage von 200 000 Exemplaren. 150 000 davon gelangen in die Hände von Endverbrauchern. Jedes Heft wird von durchschnittlich 4 Personen gelesen oder durchgeblättert. Damit liegt die Brutto-Reichweite bei 4 x 150 000, also bei 600 000 Kontakten.

Beispiel II: Die *Lila Lounge* setzt weitere Werbeträger ein. Neben der Anzeige in der Wohnzeitschrift schaltet die Marketingabteilung Werbung im Kino. Es kann sich eine Schnittmenge aus den Personen bilden, die sowohl die Zeitschrift gelesen als auch das Kino besucht haben. Die Überschneidungen werden mit der Brutto-Reichweite jedoch vernachlässigt.

Netto-Reichweite = Brutto-Reichweite abzüglich der Überschneidungen, d.h. Doppel- oder Mehrfachkontakte sind nur einmal erfasst

Hierbei ist berücksichtigt, dass ein und dieselbe Person die Zeitschrift vielleicht mehrmals in die Hand nimmt, zum Beispiel zum ersten Mal im Wartezimmer des Hausarztes und zum zweiten Mal beim Friseur. Und wenn sie zudem noch drei Mal im Kino war und den Teppichwerbefilm ebenso oft gesehen hat, wird sie nur einmal gezählt. Netto ist also immer weniger als brutto.

Reichweite
Räumliche Reichweite • Qualitative Reichweite • TKP

1. **Fit in allen Marketingaktivitäten**
1.2 Entwicklung der Marketingmaßnahmen

Räumliche Reichweite = geografisches Ausmaß, das die Werbeträger abdecken

Beispiel: Die *Lila Lounge* schaltet die Zeitschriften- und Kinowerbung in Düsseldorf, Münster, Bochum und Essen.

Qualitative Reichweite = Anzahl der Personen aus der Zielgruppe, die eine Werbeaktion erreicht

Beispiel: Die *Lila Lounge GmbH* erreicht mit ihrer Anzeige in der Wohnzeitschrift 600 000 Personen. Jedoch besitzt (rein hypothetisch) durchschnittlich nur jeder fünfte Deutsche einen handgeknüpften Teppich. Damit läge die qualitative Brutto-Reichweite bei 600 000 : 5, also bei 120 000 Personen. Die Anzeige wäre für 120 000 Personen relevant.

Nutzen für den Berufsalltag

TKP = Tausend-Kontakt-Preis: Preis, den ein Kunde für 1.000 Kontakte (etwa an eine Werbeagentur) zahlen muss

LpN = Leser pro Nummer: Anzahl der Personen, die eine Zeitschrift lesen oder durchblättern

LpA = Leser pro Ausgabe

Reichweite
Kampagne

Eine neue Kampagne

Die Reichweite ist in Hinblick auf die Mediazielgruppe und die Kommunikationsziele, wie etwa der Aufbau eines luxuriösen Images, die Information über eine besonders raffinierte Produkteigenschaft oder die Bekanntmachung einer neuen Marke, zu beurteilen. Darüber hinaus ist meistens ein bestimmtes Budget einzuhalten. Zudem zählt die qualitative Bedeutung eines Werbeträgers. Auf Basis der genannten Kriterien kann schließlich die Entscheidung über die Ausgestaltung eine Kampagne fallen, z.B. über die Form einer Plakatkampagne, einer TV-Kampagne, einer Internetkampagne oder einer Anzeigen-Kampagne.

Die Werbebranche ist gigantisch! In den ersten neun Monaten des Jahres 2024 lagen die Brutto-Werbeeinnahmen in Deutschland über 24 Milliarden Euro.

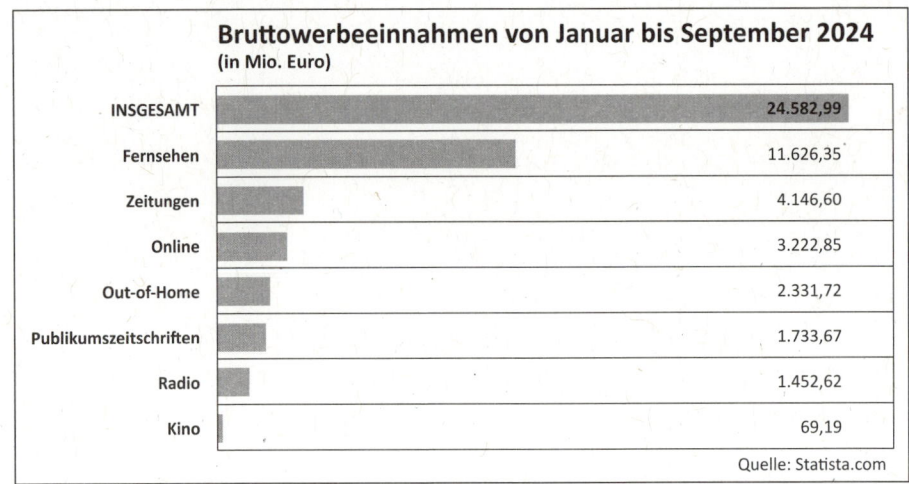

Bruttowerbeeinnahmen von Januar bis September 2024
(in Mio. Euro)

INSGESAMT	24.582,99
Fernsehen	11.626,35
Zeitungen	4.146,60
Online	3.222,85
Out-of-Home	2.331,72
Publikumszeitschriften	1.733,67
Radio	1.452,62
Kino	69,19

Quelle: Statista.com

Online-Marketing
Werbung im Internet • Content Marketing

Bling-Bling

Computer oder Smartphone einschalten, anmelden, Internet-Browser starten, schon geht sie los, die Achterbahnfahrt durch eine bunt schillernde Welt der Werbebanner. Auf dieses Abenteuer begeben sich regelmäßig über 4,9 Milliarden Menschen weltweit. Damit wird klar, welche Rolle Online-Marketing spielt und wo große Teile des Werbeetats investiert werden: in der Verbreitung von Werbemitteln im Internet.

Nutzen für den Berufsalltag

Wenn Inhalte zu formulieren sind, ist von **Content Marketing** die Rede. Dabei geht es ebenso um Informationen und Beratungen, wie um Unterhaltung in Form von Artikeln, Bildern, Videos oder Podcasts, die Keywords enthalten und in die „Share Buttons" integriert sind, also Aufforderungen, den Beitrag zu teilen. Verbreitet sind auch direkte Fragen, wie „Was meinen Sie?" oder Aufforderungen wie „Sagen Sie uns Ihre Meinung."

Online-Marketing
Social Media

Die unendlichen Möglichkeiten

Die eigene Internetseite ist das eine, die Basis sozusagen. Das andere sind soziale Netzwerke, Suchmaschinen, Partner-Anbieter, Videokanäle und Anpassungen für mobile Endgeräte, die unendliche Weiten für Marketingmaßnahmen eröffnen.

Social Media beschäftigen sich mit sozialen Netzwerken, Kollektivprojekten, Blogs, Foren, Content Communities, Online-Spielen oder Verbraucher-Portalen. Das **Suchmaschinen Marketing** (SEM, *engl. search engine marketing*) ist auf Suchmaschinenoptimierung (SEO, *engl. search engine optimization*) und Werbung auf Suchmaschinen (SEA, *eng. search engine advertising*) spezialisiert. Beim **Affiliate-Marketing** (Partner- oder Empfehlungsmarketing) bieten Webseitenbetreiber (Affiliates) Unternehmen freie Werbeflächen auf ihren Seiten an (z. B. Foodblogs –> Hersteller für Küchengeräte). Führt der gesetzte Link zum Erfolg, erhält der Affiliate eine Provision. Die üblichen Abrechnungsmodelle lauten:

pay per lead = PPL, pay per sale = PPS, pay per order = PPO, pay per view PPV
TKP oder engl. Cost per Click, kurz CpC:

$$\text{Formel TKP} = \frac{\text{Werbegrundpreis} \times 1.000}{\text{(Anzahl der AdClicks)}}$$

Das Video Marketing hat die Verbreitung von Werbebotschaften über Videokanäle zum Ziel. Und das Mobile Marketing konzentriert sich auf Marketingmaßnahmen, die auf drahtlose Endgeräte, wie Smartphones und Tablets, abgestimmt sind.

Online-Marketing ist in vielerlei Hinsicht eine Welt für sich, sogar mit einer eigenen Sprache.

Online-Marketing
Fachbegriffe

1. **Fit in allen Marketingaktivitäten**
1.2 Entwicklung der Marketingmaßnahmen

Sprechen sie Onlineisch?

Da die *Lila Lounge GmbH* auch Internethandel betreibt, ist das Online-Marketing für Kevin fester Bestandteil seiner Ausbildung. Dafür musste er zunächst einige Begriffe lernen, die er bis dahin noch nie gehört hatte. Hier eine Auswahl der wichtigsten Fachausdrücke:

Ad:	Anzeigen, Werbung (engl. advert)
AdViews:	Sichtkontakte, die ein Werbebanner auf sich zieht
AdClicks:	tatsächlich erfolgte Klicks auf das Werbemittel
Affiliates:	Marketing über freie Werbeflächen auf Webseiten, Bezahlung per Provision
Visits:	ein zusammenhängender Besuch einer Internetseite
Page Impressions:	kurz PI; ein Nutzer ruft mehrere Unterseiten einer Website auf
Unique Users:	alle Aufrufe einer Homepage, auch wenn ein Nutzer diese mehrmals öffnet
BR:	Absprungrate (engl. bounce-rate)
Google Ads:	ein Angebot von Google in Form einer Anzeige, die erscheint, wenn jemand nach dem entsprechenden Produkt bei Google sucht, die per CpC zu bezahlen ist
Betriebssysteme:	Android (z.B. Samsung), iOS (Apple), Windows (Microsoft)

1. **Fit in allen Marketingaktivitäten**
1.2 Entwicklung der Marketingmaßnahmen

Online-Marketing
PRAXIS

PRAXIS: Übung 13

A) *Second Sight Ltd.* startet eine Online-Kampagne. Welche Möglichkeiten stehen zur Verfügung, um die Online-Reichweite zu messen?

B) Emirs Vorgesetzter bei *Second Sight Ltd.* hat den Vormarsch des Mobile-Marketings im Blick und will reagieren. Er fordert von Emir eine Übersicht der derzeit gängigen Betriebssysteme an. Hilf Emir auf die Sprünge und verrate ihm 3 Hersteller und das dazugehörige Betriebssystem.

Hier ist Platz für Deine Notizen. Einen Lösungsvorschlag findest Du am Ende des Buchs.

Online-Marketing
Social Media

Bitte nutzen

Soziale Netzwerke können Unternehmen in zweierlei Hinsicht nützlich sein: Informationen liefern und Informationen verbreiten.

Die **Lieferung** besteht aus Informationen über Kaufinteressen und Kaufverhalten von Kunden und Informationen über Mitbewerber und deren Produkte. Die gewonnenen Daten sind Gold wert, denn das Wissen über die Kunden und ihre Wünsche ist die Grundlage für die Zusendung der passenden Werbung.

Die **Verbreitung** der Informationen erfolgt über soziale Netzwerke wie Facebook, Twitter oder per Video- und Mobile-Marketing, in Suchmaschinen oder in eigenen Blogs und Foren.

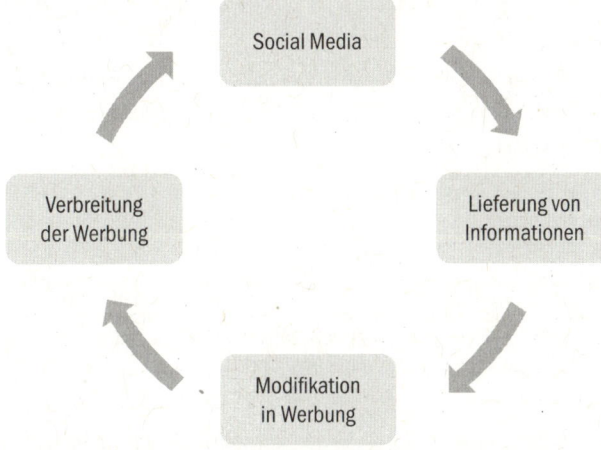

1. **Fit in allen Marketingaktivitäten**
1.2 Entwicklung der Marketingmaßnahmen

Online-Marketing
SEO • Onpage • Offpage

Im Wettlauf mit der Suchmaschine

Als Anfang der 1990er Jahre der Startschuss für die Suchmaschinen im Internet fällt, beginnt der Wettlauf um die ersten Ränge der Ergebnisliste. Zu bestimmten Suchbegriffen erscheinen Resultate, die der Anbieter als passend herausfiltert. Nur die besten können gewinnen. Um ganz oben mitzumischen, müssen Unternehmen, die sich im Internet präsentieren, hart trainieren – das Training heißt SEO, Suchmaschinenoptimierung (engl. search engine optimization). Die wichtigsten Regeln für den Wettkampf:

- ständig einzigartigen, neuen Inhalt schaffen
- für eine große, aber nicht übertriebene Verlinkung sorgen
- variantenreiche Link-Texte präsentieren
- Analysetools nutzen, z.B. Google Analytics
- Keywords aus einer Keyword-Datenbank ermitteln
- Keywords in den Titel-Tag (engl. tag = Anhang) der Internetseite und den Text einfügen
- Wirkung einer Veränderung abwarten, da die Bewertungsabstände der Suchmaschinen zyklisch erfolgen
- Einsatz schneller Server für kurze Ladezeiten
- kurze URLs
- kleine Bilddateien im Content

Die SEO unterscheidet die **Onpage** und **Offpage** Optimierung. Onpage betrifft alle Inhalte der eigenen Homepage: Content (= Inhalt), Formatierung, Header, Tags oder Linkstruktur. Offpage bezieht sich hauptsächlich auf die Verlinkung mit anderen Seiten. Google misst dabei nicht nur das Maß, sondern auch die Qualität der Verlinkung (PageRank). Zur Offpage-Optimierung zählt auch die Verbreitung von Informationen über soziale Netzwerke, Verbraucherportale oder Videokanäle.

Online-Marketing
Praxis

1. **Fit in allen Marketingaktivitäten**
1.2 Entwicklung der Marketingmaßnahmen

PRAXIS: Übung 14

Die *PRIMA Kölsch Privatbrauerei GmbH & Co. OHG* erkennt nach einer SWOT-Analyse, dass sie auf Online-Marketing setzen muss. Lea soll für ihren Vorgesetzten eine Übersicht erstellen, wie das Unternehmen das Internet nutzen kann und welche Instrumente der Kommunikationspolitik die Brauerei im Online-Marketing einsetzen kann. Was kann auf ihrer Liste stehen?

Hier ist Platz für Deine Notizen. Einen Lösungsvorschlag findest Du am Ende des Buchs.

Kommunikation
Werbebotschaft

Die Werbebotschaft

Aufmerksamkeit erregen – das ist der erste zu vollziehende Schritt, um bei den Nachfragern Eindruck zu machen. In diesem Moment zählt die Werbebotschaft: Ist sie für den Kunden interessant oder nicht?

Die Werbebotschaft beinhaltet eine Basisbotschaft, die das Produkt zu einem unverkennbaren Produkt macht, eine Nutzbotschaft, die den Produktnutzen klarmacht und eine Nutzbegründung, damit der Verbraucher auch weiß, warum er dieses Produkt kaufen soll. Sie greift die Emotionen, Wünsche oder Ansprüche der möglichen zukünftigen Kunden auf.

Wie gelangt eine Werbebotschaft auf ihren Weg? Sie wird über Werbeträger verbreitet. Im Marketing ist hierbei die Rede von der Inter-Media-Auswahl, wenn eine Gruppe von Werbeträgern gemeint ist, von Intra-Media-Auswahl, wenn bestimmte Werbeträger aus einer Gruppe benannt werden.

Die Aufteilung erfolgt in drei Gruppen:

1. Printmedien
2. Elektronische Medien
3. Außen- und Verkehrsmittelwerbung

Werbewirkung

AIDA-Modell • Guerilla-Marketing

1. Fit in allen Marketingaktivitäten
1.2 Entwicklung der Marketingmaßnahmen

Und Action

Ob imposant, lustig oder mit Guerilla-Effekt, Werbung soll den Kunden beeinflussen und am Ende zum Kauf animieren. Dieser Prozess verläuft auf vier Stufen, die das **AIDA-Modell** beschreibt. Am Anfang erregt die Werbung die Aufmerksamkeit des Kunden: *Attention!* Daraus entspringt ein echtes Interesse an dem Produkt: *Interest!* Hieraus entwickelt sich ein Kaufwunsch: *Desire!* Der im Kauf endet: *Action.*

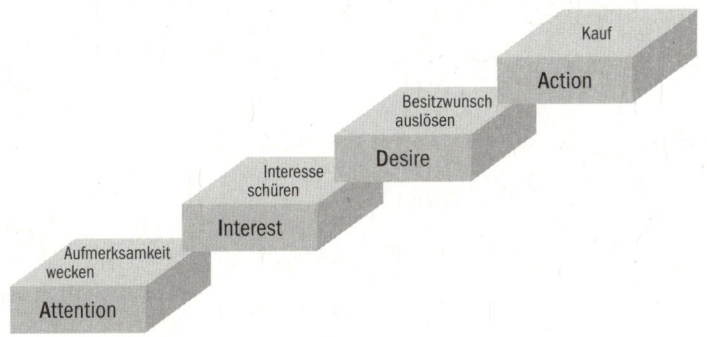

Als Kevin seine Ausbildung bei der *Lila Lounge GmbH* mit dem WQ-Schwerpunkt Marketing und Vertrieb startete, dachte er, das bisschen Werbung ist doch leicht zu managen. Bis sein Chef ihn beauftragte, an der Überarbeitung eines **Marketingplans** mitzuarbeiten.

Prüfungstipp von Hannah

Guerilla-Marketing = extrem offensive Werbung mit Überraschungseffekt ⇨ große Wirkung

Typische Instrumente:

Virales Marketing: Mundpropaganda, E-Mails, SMS, Social Media

Ambient Marketing oder Ambient Media: überraschende Veränderung der Umgebung, etwa am Point-of-Sale, zu Hause, in Hotels oder in der Gastronomie

Ambush Marketing: Themen in den Medien als Aufhänger benutzen

Sensation Marketing: Inszenierung einer spektakulären, auch vorgetäuschten, Sensation; meist Out-of-Home

1. **Fit in allen Marketingaktivitäten**
1.2 Entwicklung der Marketingmaßnahmen

Bestandsaufnahme
Marketingplan • SMART

Stein auf Stein

Das richtige Marketing setzt sich aus mehreren Bausteinen zusammen. In den Bausteinen stecken die entscheidenden **Leitfragen** für die **Marketingplanung**. Kevin war ziemlich überrascht, was alles dazugehört.

Die **Ist-Situation**: Unternehmens- und Umweltanalyse – Wie ist die eigene Situation, wie die aktuelle Lage auf dem Markt?

Die **Vision**: Was ist der Traum eines Unternehmens? Wo sieht es sich in fünf Jahren?

Das **Ziel und die Strategie**: Wie sieht die messbare Zieldefinition aus? Ist das Ziel mit den Marketingmitteln zu erreichen?

Die **Marketing-Maßnahmen**: Welche Maßnahmen dienen der Verkaufsförderung? Wann und in welchem Zeitraum sind die Aktionen durchzuführen? Existiert eine einheitliche Marketingstrategie?

Die **Kostenplanung**: Welche finanziellen Mittel stehen für eine Maßnahme zur Verfügung?

Die **Kontrollgrößen**: Welche Ergebnisse resultieren aus Soll-Ist-Vergleichen? Haben die Marketingaktionen den gewünschten Erfolg gebracht; liegen Kennzahlen vor?

Prüfungstipp von Hannah

SMART ist eine der bekanntesten Methoden, um Ziele im Blick zu haben. Ziele müssen demnach:

Spezifisch
Messbar
Attraktiv
Realistisch und
Terminiert sein.

Ein Vorhaben ist immer aufzuschreiben: Nur ein schriftlich formuliertes Ziel strahlt Verbindlichkeit aus.

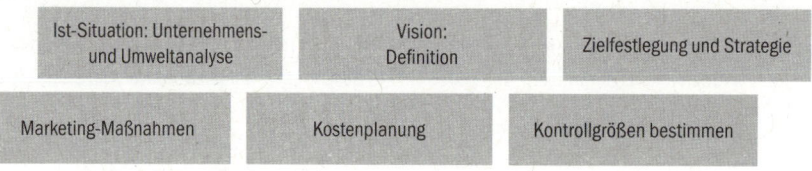

Ressourcenplanung
Qualität der Ressourcen • Ressource-based-view (RBV)

1. **Fit in allen Marketingaktivitäten**
1.3 Ressourcen

Ein Blick auf die Ressourcen: Mensch, Geld, Technik, Image

Die **Ressourcen** sind das wertvollste Gut eines Unternehmens. Je größer der allgemeine Kostendruck, umso wichtiger, dass es seine Ressourcen strategisch plant und überlegt: Was haben wir in der Hand? Wo liegen unsere Kernkompetenzen? Worin ist zukünftig zu investieren? Denn Investitionen in Ressourcen, die am Markt untergehen werden, wie Fachkräfte für aussterbende Technologien oder Fachanlagen für veraltete Produkte, sind sinnlos. Am Ende zählt der Blick nach vorn, der einen Wettbewerbsvorteil sichtet.

Schlüsselrolle

Wettbewerbsvorteile sind nach dem Konzept Michael E. Porters durch einen strategischen Vorsprung auf dem Markt gekennzeichnet. Daneben steht die Theorie, Wettbewerbsvorteile entstünden aus den Ressourcen eines Unternehmens heraus. Diese auf den Ressourcen basierende Sichtweise heißt **Ressource-based-view**, oder kurz RBV. Hiernach ist ein Wettbewerbsvorteil darauf zurückzuführen, dass ein Betrieb seine Ressourcen besser nutzt, als die Mitbewerber. Vorausgesetzt, es kennt die Quellen, die eine Schlüsselrolle spielen, die Kernkompetenzen, die selten und wertvoll sind. Dazu rücken folgende Ressourcen ins Blickfeld:

- Human Ressource; Personal; Fachkräfte mit speziellem Know-how
- finanzielle Ressourcen; besonders hohe Liquidität
- nicht greifbare Ressourcen; außergewöhnliches Image, besonders große Bekanntheit
- greifbare Ressourcen; spezielle technische Anlagen, Patente, Werkstoffe mit einem bestimmten Merkmal

} **Kernkompetenzen**

Bei der Planung der Ressourcen sind Engpässe und Leerlaufzeiten zu vermeiden. Man braucht einen Überblick, um die Ressource, ob Mensch oder Maschine, voll auszuschöpfen. Ein Mittel zum Umgang mit Ressourcen ist die VRIO-Analyse.

Ressourcenplanung
VRIO-Analyse

Die Fragen nach dem Wert, der Seltenheit, der Imitierbarkeit und der Einbettung in die Organisation

Die VRIO-Analyse beruht auf vier Fragen, mit deren Hilfe sich Merkmale vorhandener Ressourcen herauskristallisieren lassen. Es geht um die Kennzeichen „wertvoll", „selten", „nicht imitierbar" und „gewinnbringend". Diese Methode kann beantworten, ob ein Unternehmen seine Ressourcen tatsächlich ins Zentrum der Aufmerksamkeit stellt und intensiv nutzt.

V *Question of Value:* Wie **wertvoll** ist die Ressource in Hinblick auf die Wertschöpfung? Macht Outsourcing unter Umständen Sinn?

R *Question of Rarity:* Wie **selten** ist die Ressource auf lange Sicht? Nur langfristige Seltenheit kann einen Wettbewerbsvorteil herbeiführen.

I *Question of Imitability:* Ist die Ressource **imitierbar**? Falls ja, ist der Vorsprung nur von kurzer Dauer. Ein echter Vorteil existiert, wenn ein Produkt fälschungssicher ist.

O *Question of Organisation:* Führt der Einsatz der Ressource im Lauf der Wertschöpfungskette (engl. supply chain) letztendlich zu **Gewinn**?

Nutzen für den Berufsalltag

Wertschöpfung = Umwandlung eines Guts in ein höherwertiges Gut
Wertschöpfung = Gesamtleistung – Vorleistungen

Die Wertschöpfungskette (engl. supply chain) ist zwischen kooperierenden Unternehmen geknüpft oder auch eine interne Abfolge.

Ressourcenplanung
SWOT-Analyse • PRAXIS

1. Fit in allen Marketingaktivitäten
1.3 Ressourcen

Die Frage nach den Stärken und Schwächen

Wo liegen die **Stärken** eines Unternehmens: in Innovationen, Markenpräsenz, Kundenservice, Premium-Angeboten oder unschlagbar günstigen Preisen? Oder in bestimmten Alleinstellungsmerkmalen (*engl. unique selling proposition, USP*)? Welche **Schwächen** sind andererseits aufzuarbeiten? Eine Untersuchung der Stärken und Schwächen nennt sich SWOT-Analyse. Dafür sind vier Spalten mit den Inhalten *strengths* – Stärken -, *weaknesses* – Schwächen -, *opportunities* – Chancen – und *threats* – Gefahren – zu erstellen. Die Analyse lässt sich dann mit Tools in Excel oder Power Point visualisieren. Legt man am Ende beispielsweise in einem Netzdiagramm die eigenen Daten über die Daten eines Konkurrenten, ist genau abzulesen, worin der andere besser oder schlechter ist.

Beispiel:

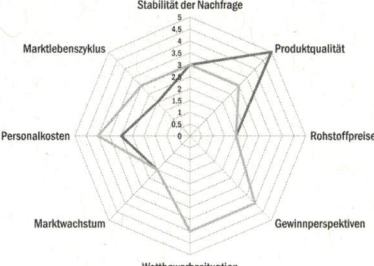

PRAXIS: Übung 15

Lea muss für ihren Ausbildungsbetrieb, die *PRIMA Kölsch Privatbrauerei GmbH & Co. OHG*, eine SWOT-Analyse anfertigen. Sie soll sich fragen: Worin sind wir gut? Was fällt uns schwer? Von wo gehen Gefahren aus? Wo liegen Chancen für die Zukunft? (Siehe auch Übung 3)

A)   Welche Stärken und Schwächen kann Lea angeben? Schlage je 2 vor.

B)   Welche Chancen und welche Gefahren sind mit der Markteinführung eines neuen Biermischgetränks verbunden?

©u-form Verlag – Kopieren verboten!

Kosten- und Leistungsrechnung

Marketingkosten

Marketingkosten dienen dem Vertrieb eines Produkts

Als Lea in ihrer Ausbildung zum ersten Mal ins Thema Kosten- und Leistungsrechnung (KLR) einstieg, wurde ihr schwindelig vor lauter Zahlen. Dann hat sie sich wie die Raupe Nimmersatt Schritt für Schritt durch Kostenarten und Kostenstellen durchgebissen. Heute strahlt ihr Wissen einem bunten Schmetterling gleich. Sie kennt den Unterschied zwischen Einzelkosten und Gemeinkosten. Einzelkosten haben direkt mit dem Kostenträger zu tun und entstehen in den Hauptkostenstellen, wie Material, Fertigung, Verwaltung und Vertrieb. Gemeinkosten fallen in den Hilfskostenstellen an und werden indirekt über einen Umlageschlüssel mit dem Produkt verrechnet. Hierzu zählen Kosten für einen Fuhrpark, für Energie, Mieten oder Reparaturen. All diese Kosten sind fein säuberlich zu sortieren und zu stapeln. Einer dieser Stapel kommt aus der Kostenstelle Vertrieb, in der auch die Kosten für das Marketing entstehen.

Mögliche **Marketingkosten**:
- Werbung
- Verkaufsförderung
- am Point of Sale: Ausgabe von Warenproben, Probierstände, externes Personal für Präsentationen
- Online Maßnahmen: SEO, Displays, Ad-Words, eigene Internetseite, Social Media
- Offline Maßnahmen: Radio, Fernsehen, Plakate, Zeitungen, Zeitschriften
- Veranstaltungen: Messestand und Personal, Sponsoring, Events
- Agenturkosten, z.B. für Gestaltung eines Logos, von Flyern oder Anzeigen
- Kosten für Marktforschung
- Reisekosten und Schulungen
- professionelle, externe Dekorationshilfe für Schaufenster

Wie hoch das Marketingbudget letztendlich ausfällt, lässt sich durch mehrere Verfahren, denen die unterschiedlichen Messgrößen Umsatz, Gewinn, Cashflow, Vergleich mit der Konkurrenz oder Marktanteil zugrunde liegen, ermitteln. Die Summen, die für Marketing ausgegeben werden, liegen in der Biobranche beispielsweise zwischen 1,2 % und 1,5 % vom Umsatz, in der ITK-Branche bereits bei 4,1 %.

Werbebudget/Werbeetat
Werbebudgetierungsverfahren

1. Fit in allen Marketingaktivitäten
1.3 Ressourcen

Mega-Event oder Guerilla

Printwerbung, Visitenkarten, Google Ads, Produktproben, Messeauftritte, SEO, Agenturberatung – all das und noch viel mehr hat seinen Preis. Manche Unternehmen investieren 30 Prozent ihres Umsatzes in Werbung, um ihre Marke mit TV-Spots, Sponsoring, medienwirksamen Großveranstaltungen und der Ausrichtung spektakulärer Events in den Köpfen der Menschen fest zu verankern. Andere haben nur 4 Prozent oder weniger vom Umsatz übrig, um Annoncen in Zeitschriften zu platzieren oder Plakate drucken zu lassen. Wieviel Geld ein Unternehmen genau für Werbung ausgibt hängt von der Methode zur Festlegung einer Summe ab.

Methode A) Prozentanteil vom <u>Umsatz</u>: Die Höhe des Werbebudgets hängt von der Höhe des Umsatzes ab.

Methode B) Prozentanteil vom <u>Gewinn</u>: Die Höhe des Werbebudgets hängt vom Gewinn ab.

Methode C) nach Verfügbarkeit <u>vorhandener Mittel</u>: Dem Werbeetat entspricht eine Summe, die ein Betrieb sich leisten kann.

Methode D) <u>Wettbewerbsparitätsmethode</u>: Das Budget orientiert sich daran, was die Konkurrenz für die vergleichbare Aktion ausgibt.

Methode E) nach dem <u>Verhältnis Werbeanteil-Marktanteil</u>: Die Werbeausgaben richten sich nach dem Marktanteil.

Das optimale Werbebudget ist so berechnet, dass mit dem kleinstmöglichen Einsatz größtmögliche Werbewirkung zu verzeichnen ist. Hierbei ist zu berücksichtigen, dass die Wirkung einer Maßnahme häufig zeitlich verzögert einsetzt (= Carry-Over-Effekt).

Mit dem Werbeetat steht fest, welche Summe grundsätzlich für alle anstehenden Marketingmaßnahmen ausgegeben werden kann. Um diesen Kostenrahmen nicht zu sprengen, sind die einzelnen Maßnahmen genau durchzuplanen.

Ausnahmen

Manchmal geht eine Marketingabteilung bis an die Grenzen ihres Etats oder überschreitet ihn sogar. Dann steckt sie in einer Situation, in der das Werbebudget höher ausfallen muss, als im gewöhnlichen Produktalltag. Dies ist der Fall,

1. in der Einführungsphase, um ein Produkt bekannt zu machen,
2. wenn Konkurrenten ähnliche Produkte auf den Markt bringen und sich die Wettbewerbsdichte erhöht,
3. um den Mitbewerbern Marktanteile abzugewinnen,
4. bei erforderlichen Wiederholungen.

Kostenplanung
Ausnahmen • Plankosten

Plankosten

Zur Kostenplanung einer Kampagne müssen die zu erwartenden Kosten zusammengetragen werden. Es sind Angebote einzuholen und Preise zu recherchieren. Dazu gibt es mehrere, auch parallel einzusetzende, Möglichkeiten: Es können vergleichbare Projekte herangezogen werden, man lässt Experten eine Preis-Schätzung abgeben und plant die festen Personalkosten ein. Wenn nötig, sind die Preise mit Mengenzahlen zu multiplizieren, um schließlich an die Plan-Zahlen zu gelangen. Die genaue Bestimmung der Kosten dient der Kostenkontrolle, um die Plankosten den Ist-Kosten in einer Abweichungsanalyse gegenüber zu stellen, die so aussehen könnte:

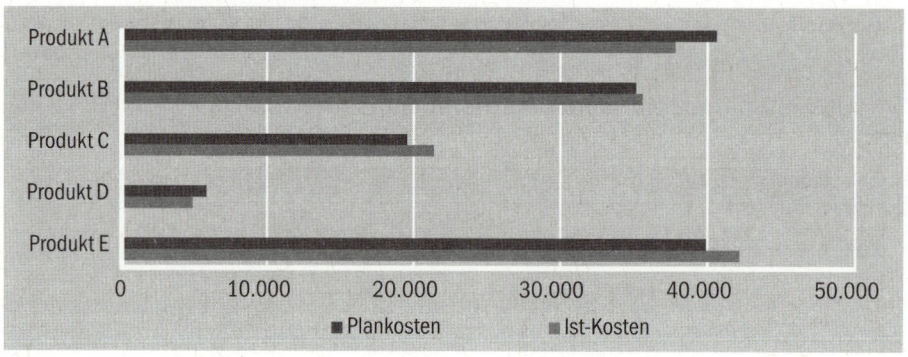

Die Marketingkosten für die Produkte B, C und E sind höher ausgefallen als geplant. Hier müssen nun die Kostentreiber entlarvt werden, um beim nächsten Mal besser wirtschaften zu können. Auch bei den Produkten A und D lohnt es sich, genauer hinzusehen. Hier lagen die tatsächlichen Kosten unter den ursprünglich erwarteten Kosten, folglich lassen sich hier positive Stellschrauben ablesen, die in Zukunft Anwendung finden sollten.

Prüfungstipp von Emir

Plankosten =

Die im Voraus berechneten Einzel- und Gemeinkosten, auf der Basis einer fest bestimmten Menge: Planmenge x Planpreis = Plankosten

Ist-Kosten =

die in Wirklichkeit entstandenen Kosten für die am Ende benötigte Menge: Ist-Menge x Ist-Preis = Ist-Kosten

Kostenplanung
Betriebliche Kalkulation

1. Fit in allen Marketingaktivitäten
1.3 Ressourcen

Die Rolle der betrieblichen Kalkulation

Eine Kalkulation vorab ist unerlässlich, um zu erfahren, ob ein Produkt die Kosten deckt und wie viel Gewinn zu machen ist, oder um zu prüfen, ob ein Produkt überhaupt gewinnversprechend ist.

Schema für Herstellungsbetriebe:
Fertigungsmaterial
+ Materialgemeinkosten
= Materialkosten
+ Fertigungslöhne
+ Fertigungsgemeinkosten
= **Fertigungskosten**
= Herstellkosten
+ Verwaltungsgemeinkosten
+ Vertriebsgemeinkosten
= Selbstkosten
+ Gewinnzuschlag
= **Barverkaufspreis**
+ Kundenskonto
+ Provision
= **Zielverkaufspreis**
+ Kundenrabatt
= **Listenverkaufspreis**
+ Umsatzsteuer
= Bruttoverkaufspreis

Handelskalkulation:
Listeneinkaufspreis
− Lieferantenrabatt
= **Zieleinkaufspreis**
− Lieferantenskonto
= **Bareinkaufspreis**
+ Bezugskosten
= **Bezugspreis/Einstandspreis**
+ Handlungskosten
+ Lagerzins
= **Selbstkostenpreis**
+ Gewinnzuschlag
= **Barverkaufspreis**
+ Kundenskonto
= **Zielverkaufspreis**
+ Kundenrabatt
= **Listenverkaufspreis**
+ Umsatzsteuer
= **Verkaufspreis brutto**

Zur Ermittlung von Kundenskonto und Kundenrabatt ist die Prozentrechnung **im Hundert** anzuwenden! Werden z.B. 2 % Skonto gewährt und kein zusätzlicher Rabatt, sieht die Rechnung wie folgt aus:

$$\frac{\text{Barverkaufspreis} \times 2\,\%}{98\,\%} = \text{Skontobetrag €}$$

Prüfungstipp von Hannah

Rabatte sind in der Kalkulation zu berücksichtigen, da sie eine wichtige Rolle bei der **Kundenbindung** spielen. Sie tauchen auf als:

- Gutscheine
- Coupons
- Kundenkarten, die Prozente auf Einkäufe gewähren
- Punktprämien, Treuepunkte, Stempelsammelkarten
- Angebote (auch für ganze Gruppen, z.B. Studenten, Schüler, Senioren)
- Preisdifferenzierung
- Preisnachlässe im Cross Selling (= Querverkauf bzw. Verkauf weiterer ergänzender Produkte)

Die 4 Marketinginstrumente
Differenzkalkulation • Divisionskalkulation

Wieviel Gewinn bleibt?

Steht sowohl der Verkaufspreis als auch der Einkaufspreis fest, hat ein Händler die Möglichkeit, den Gewinn mithilfe der **Differenzkalkulation** zu berechnen. Dann kann er entscheiden, ob die Höhe des Gewinns zur Kostendeckung ausreicht.

```
= Listeneinkaufspreis
− Lieferantenrabatt
= Zieleinkaufspreis
− Lieferantenskonto
= Bareinkaufspreis
+ Bezugskosten
= Bezugspreis
+ Handlungskosten
= Selbstkosten
        Gewinn
= Barverkaufspreis
− Kundenskonto
= Zielverkaufspreis
− Kundenrabatt
= Verkaufspreis (netto)
− Umsatzsteuer
= Verkaufspreis (brutto)
```

Prüfungstipp von Emir

Formeln für den Handel

Rohgewinn = Listenverkaufspreis − Bezugspreis (Einstandspreis)

Handelsspanne = $\dfrac{\text{Rohgewinn}}{\text{Listenverkaufspreis}} \times 100$

Kalkulationszuschlag = $\dfrac{\text{Rohgewinn}}{\text{Bezugspreis}} \times 100$

Kalkulationfaktor = $\dfrac{\text{Listenverkaufspreis}}{\text{Bezugspreis}}$

Unternehmen, die nur ein einziges Produkt, oft in Massenproduktion, herstellen, greifen auf die einfache **Divisionskalkulation** zurück. Dies funktioniert jedoch nur, wenn der Lagerbestand konstant ist. Die Gesamtkosten werden durch die Stückzahl geteilt, um die Selbstkosten pro Stück zu berechnen.

Deckungsbeitrag
Deckungsbeitragsrechnung

1. Fit in allen Marketingaktivitäten
1.3 Ressourcen

Marktpolitische Entscheidungen

Markteinführung, Preissenkung (Preispolitik), Programm- oder Sortimentsbereinigung (Produktpolitik) – für Entscheidungen dieser Art ist die **Deckungsbeitragsrechnung** heranzuziehen.

Mit der Deckungsbeitragsrechnung ist zu ermitteln, welcher Betrag zur Deckung der Fixkosten zur Verfügung steht. Von den zu erwartenden Umsatzerlösen sind die variablen Kosten abzuziehen, um die Summe zu erhalten, die zur Deckung der Fixkosten da ist und wie hoch das Betriebsergebnis ausfällt. Die variablen Kosten werden hierzu von den fixen Kosten getrennt. Ein Beispiel:

Beträgt der gesamte erwartete Umsatzerlös der *Lampen Himmel GmbH & Co. KG* für Deckenleuchten und Wandlampen 100.000 Euro und betragen die variablen Kosten 30.000 Euro, dann liegt die Differenz bei 70.000 Euro. Davon können die Fixkosten, die sich auf 50.000 Euro belaufen, bezahlt werden. Es bleiben also 20.000 Euro übrig. Anders ausgedrückt: Der Gewinnsatz liegt bei 20 Prozent (20.000 Euro von 100.000 Euro).

	Deckenleuchten	%	Wandlampen	%	gesamt	%
Umsatzerlöse	80.000 €	100	20.000 €	100	100.000 €	100
variable Kosten	20.000 €	25	10.000 €	50	30.000 €	30
Deckungsbeitrag	60.000 €	75	10.000 €	50	70.000 €	70
Fixkosten gesamt					50.000 €	50
Ergebnis					20.000 €	20

Die Deckungsbeitragsrechnung ist Voraussetzung für die Darstellung der Gewinnschwelle (auch Break-even-Point genannt, BEP), die anzeigt, ab welcher Absatzmenge ein Produkt Gewinn bringt. Wäre dies erst in fünf Jahren der Fall, hat das Produkt wohl keine Chance auf eine Markteinführung.

Deckungsbeitrag
Deckungsbeitragsrechnung • PRAXIS

PRAXIS: Übung 16

Kevins Ausbildungsbetrieb, die *Lila Lounge GmbH*, arbeitet zurzeit an einer neuen Sofa-Kollektion, die im kommenden Frühjahr auf den Markt kommt. Das Unternehmen nimmt zahlreiche bewährte Artikel in den aktualisierten Katalog auf, zudem einige Neuerscheinungen. Kevin soll zur Markteinführung des neuen Modells *Saturn 42* aus der Serie Galaxis den Deckungsbeitrag ermitteln.

Das Sofa *Saturn 42* wird einen Verkaufspreis in Höhe von 700,00 Euro netto haben. Die Produktionsmenge ist mit 3.000 Stück geplant. Die variablen Kosten sind mit 550,00 Euro pro Stück beziffert.

A) Berechne den Deckungsbeitrag pro Stück.

B) Berechne den Gesamtdeckungsbeitrag.

C) Manchmal produzieren Unternehmen ein Produkt mit einem negativen Deckungsbeitrag. Welche Gründe kann das Unternehmen haben, das Produkt dennoch im Programm zu behalten?

Hier ist Platz für Deine Notizen. Einen Lösungsvorschlag findest Du am Ende des Buchs.

Break-even-Point
Gewinnschwelle • Sicherheitskoeffizient

1. Fit in allen Marketingaktivitäten
1.3 Ressourcen

Die BEP-Rechnung

Zur Gewinnschwelle ein Beispiel aus der *Lampen Himmel GmbH & Co. KG*: Der Listenverkaufspreis für eine neue Schreibtischlampe beträgt 58,00 Euro pro Stück. Die Fixkosten liegen in der Betrachtungsperiode bei 8.000 Euro, die variablen Kosten bei 5,00 Euro pro Stück. Wie viele Schreibtischlampen muss der *Lampen Himmel* verkaufen, um den Break-even-Point (BEP) zu durchbrechen? Die Zielverkaufsmenge liegt bei 200 Stück.

Schritt 1: Berechnung des Deckungsbeitrags pro Stück:

Listenverkaufspreis – variable Kosten = Deckungsbeitrag pro Stück   58,00 – 5,00 = 53,00

Schritt 2: Benennung der Stückzahl, ab der Gewinn zu erwarten ist:

$$\frac{\text{fixe Kosten}}{\text{Deckungsbeitrag pro Einheit}} \qquad \frac{8.000}{53,00} = 150,94 \text{ Stück}$$

Schritt 3: Ermittlung des Umsatzes, an dem die Gewinnschwelle erreicht ist:

$$\frac{\text{fixe Kosten}}{\text{Deckungsbeitrag pro Einheit}} \times \text{Listenverkaufspreis} \qquad \frac{8.000}{53,00} \times 58,00 = 8.754,72$$

Der **Sicherheitskoeffizient** kennzeichnet die Absatzmenge in der Gewinnzone in Bezug auf ihren Abstand zum BEP. Er sagt in Prozent aus, wie weit die Absatzmenge abfallen dürfte, bis die Gewinnschwelle, an der kein Gewinn mehr gemacht wird, erreicht ist.

$$Sk = \frac{\text{Absatzmenge} - \text{BEP-Menge}}{\text{Absatzmenge}} \times 100 \qquad \frac{200 - 150,94}{200} \times 100 = 24,53$$

Wenn die Zielmenge erreicht wird, liegt der Sicherheitsabstand in diesem Beispiel 24,53 Prozent vom BEP entfernt. Wird diese Prozentzahl geringer, rückt der BEP immer näher.

Prüfungstipp von Kevin

Break-even-Point (BEP)

Die Gewinnschwelle (oder: Break-even-Point) gibt den Punkt bzw. die Absatzmenge an, an dem Erlös und Kosten eines Produktes gleich „0" sind. Das heißt, an diesem Punkt sind alle variablen und fixen Kosten gedeckt. Mit Überschreiten dieser Schwelle erzielt das Unternehmen mit jedem weiteren verkauften Stück einen Gewinn.

Break-even-Point/Gewinnschwelle
PRAXIS

PRAXIS: Übung 17

Der Biermarkt hat das Interesse der durstigen Bevölkerung an exotischen Biermischgetränken entdeckt und überschwemmt den Markt mit inselreifen Biercocktails: Kaktusfeigenbier, Curuba-Schuss, Kiwano-Radler, Kumquat-Bier oder Durian-Weizen. Die Konkurrenz fühlt sich schon wie im Paradies und die *PRIMA Kölsch Privatbrauerei GmbH & Co. OHG* muss reagieren, um nicht in die Umsatz-Hölle zu kommen. Das neue Produkt Lemon-Meschong ist nun seit einem Monat auf dem Markt. Es sind 1 000 Kisten verkauft worden. Nun fragt der Brauereichef sich: „Wann machen wir mit unserem neuen Biermischgetränk endlich Gewinn?".

Lea wird von Marketingleiter Peter Köllner mit der Aufgabe betraut, die Gewinnschwelle zu ermitteln, um sagen zu können, wie viele Kisten Lemon-Meschong verkauft werden müssen, um den BEP zu erreichen. Nun steht Lea vor einem Problem, denn sie weiß nicht mehr, wie es geht. Bitte hilf ihr!

A) Stell die Berechnung mithilfe der Formel an. $$BEP = \frac{Fixkosten}{(Verkaufspreis - variable\ Kosten)}$$

B) Erläutere das Ergebnis in drei bis vier Sätzen. Welche Nachricht kann Lea ihrem Vorgesetzten Herrn Köllner überbringen?

Hier die Zahlen, die Du benötigst:

Variable Kosten pro Kiste: 6,00 Euro (Kosten, die sich mit der Ausbringungsmenge ändern. Umso mehr Bier produziert wird, umso mehr Malz, Gerste, Roggen, Zitronensaft oder Wasser wird benötigt.)
Verkaufspreis (netto) pro Kiste: 15,12 Euro
Fixkosten: 10.000 Euro (Kosten, die auf jeden Fall entstehen, z. B. Miete, Betriebskosten, Abfüllmaschinen etc.)

Verkaufsförderung/Sales Promotion
Konsument • Handel • Display

1. Fit in allen Marketingaktivitäten
1.4 Durchführung der Marketingmaßnahmen

50 % auf alles – Angebot: 10 Brötchen 1,90 Euro – Kauf 3 zahl 2 – Stempel sammeln: Das 11te Brot ist gratis! – Bonus!

Zusätzliche Anreize versetzen Kunden den letzten Kick, damit sie ein Produkt kaufen. Das sind beim Endverbraucher Rabatte, Sonderangebote, Jubiläumsangebote, Inventurverkauf, Gutscheine, Ausverkauf, Stempelkarten mit Gratisprodukt, Verkostungsstände, Produktvorführungen, Gewinnspiele, Merchandising, Displays, kostenlose Zusatzprodukte oder Produktproben. Lockmittel dieser Art zählen zur **kunden- oder konsumentenorientierten Verkaufsförderung**.

Die **verkaufspersonalorientierte Verkaufsförderung** beschreibt dagegen die Aktivität des Verkaufspersonals. Das unternehmensinterne Personal (auch der Außendienst) erhält durch Boni, Provisionen, Schulungen oder Verkaufswettbewerbe einen Ansporn zum regen Verkauf.

Auf Messen, Hausmessen, Produktpräsentationen, Händlerkonferenzen oder in Produktschulungen findet die dritte Variante der Verkaufsförderung statt, die an den Handel (Absatzmittler) gerichtet ist, die **handelsorientierte Verkaufsförderung**. Sie beinhaltet die Betreuung durch Geschäftskundenberater, Geschäftskunden-Hotline, Außendienst, Hilfe bei der Inneneinrichtung und Dekoration des Point of Sale (POS; Verkaufsort), Bereitstellung zusätzlichen Personals für bestimmte Aktionen, ebenso Preisnachlässe (Rabatt, Skonti), Bonuszahlungen ab bestimmten Umsatzhöhen oder sonstige Zuschüsse.

Nutzen Berufsalltag

Display ist die Bezeichnung für Aufsteller, die in besonderem Maß auf ein bestimmtes Produkt aufmerksam machen. Sie sollen die Kunden magisch anziehen und stehen als Plakatwände hinter Produkten, auf der Theke, in Regalen, auf dem Boden oder hinter Paletten. Es ist häufig neben Aktionsware, Kleinartikeln oder Saisonartikeln zu finden. Das **Zweitdisplay** findet Anwendung, wenn eine Ware zusätzlich an einem zweiten Platz am Point of Sale steht, zum Beispiel im Kassenbereich. Ein **Gondelkopf** bezeichnet ein Display, das vor Kopf eines Regals steht. Hier ist häufig Aktionsware zu finden.

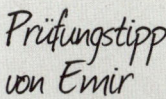

Prüfungstipp von Emir

Eine Verkaufsförderung ist eine zeitlich begrenzte Aktion, um den Absatz anzukurbeln.

Die genannten Beispiele aus den drei Segmenten Handel/Absatzmittler, Verkaufspersonal und Konsument können in der Prüfung relevant sein.

1. Fit in allen Marketingaktivitäten
1.4 Durchführung der Marketingmaßnahmen

Verkaufsförderung/Sales Promotion
Couponing • PRAXIS

Couponing (= Marketing mit Gutscheinen) ist ein beliebtes Mittel zur Kundengewinnung, denn der Konsument hat das gute Gefühl, beim Einlösen des Coupons etwas extra zu bekommen. Beispiele:

- 20 % Rabatt auf den Eintritt in einen Freizeitpark
- Gutschein für eine kostenlose Zugabe (z. B. Coupon an Shampoo-Flasche für Schaumfestiger-Probe)
- Rabattcode per App oder E-Mail für den nächsten Einkauf in einem Online-Shop

Die Verbreitung der Coupons kann über das Internet erfolgen, sie können zum Ausschneiden aus einer Zeitung oder aus Werbebeilagen vorgelegt oder durch die Ausgabe an der Kasse verbreitet werden. Außerdem existieren Profi-Unternehmen, die spezielle Coupon-Seiten im Internet betreiben. Vorteil: Man erreicht Schnäppchenjäger, die sonst vielleicht einen Bogen um das Produkt machen würden.

PRAXIS: Übung 18

Lea soll das Prinzip und die Vorteile des Couponings erläutern und ein Konzept für die *PRIMA Kölsch Privatbrauerei* vorlegen. Was fällt Dir dazu ein?

Hier ist Platz für Deine Notizen. Einen Lösungsvorschlag findest Du am Ende des Buchs.

Sales Promotion

Verkaufsförderung • Werbung • Sponsoring • PR

1. **Fit in allen Marketingaktivitäten**
1.4 Durchführung der Marketingmaßnahmen

Der **Unterschied** zwischen Verkaufsförderung und Werbung ist:

Verkaufsförderung

- Hauptziele: Steigerung des Absatzes und des Umsatzes
- eher kurzfristig ausgelegt
- direkte Wirkung
- löst Impulskäufe aus
- direkte Ansprache eines Nachfragers
- bietet einen Kaufanreiz

Werbung

- Hauptziele: Steigerung der Bekanntheit und Informationslieferung
- eher langfristig ausgelegt
- indirekte Wirkung, bzw. Wirkungsverzögerung
- löst Erinnerungskäufe aus
- auf Massen ausgerichtet
- bietet einen Kaufgrund

Sponsoring ist:

Wenn ein Unternehmen in erster Linie Rechte aushandelt, etwa auf T-Shirts von Sportlern oder Künstlern oder auf Banden von Organisationen oder Vereinen, Werbung zu platzieren oder auch mit dem Namen des Sponsorgebers zu werben. Die Präsentation eines Logos auf Shirts oder Werbebannern ist ebenso möglich wie das Sponsern ganzer Events (= Event-Sponsoring).

PR ist:

Alle Aktivitäten, die mit der öffentlichen Kommunikation zusammenhängen, fallen in den Bereich der Öffentlichkeitsarbeit, engl. *public relations*, kurz PR. Die PR-Abteilung ist häufig das Bindeglied zwischen Unternehmen und Presse und hat die Informationsweitergabe sowie die positive Darstellung des Unternehmensbildes zur Hauptaufgabe. Die PR richtet sich einerseits an die Politik oder Institutionen, andererseits ist auch eine Produkt-Kommunikation eine PR-Maßnahme.

Egal welcher Art die Marketingmaßnahme ist, oder wie aufwendig sie inszeniert wurde, eine Garantie, dass sie wirkt, gibt es nicht. Denn jede Branche steckt voller Gefahren, die selbst die beste Aktion zunichtemachen können.

Prüfungstipp von Hannah

Push-Strategie: Ein häufig neues, unbekanntes Produkt findet seinen Weg auf den Markt und Marketingmaßnahmen, vor allem Verkaufsförderungen, verwandeln ein dadurch ausgelöstes Bedürfnis in einen Bedarf.

Pull-Strategie: Der Bekanntheitsgrad eines Produkts steigt aufgrund der Marketingmaßnahmen, vor allem Werbung. Dies führt zu vermehrten Nachfragen in den Geschäften und animiert Händler dazu, das Produkt in ihr Sortiment aufzunehmen.

Aber Achtung vor dem Vampir-Effekt! Dieser tritt ein, wenn ein Nebeneffekt dem eigentlichen Produkt die Show stiehlt und ihm die Aufmerksamkeit aussaugt wie ein Vampir, z.B. durch die Überpräsenz eines Stars, zu sexistisch ausgerichteter Präsentation, zu viel Humor oder zu übermächtigen Horror. All dies lenkt den Zuschauer oder Zuhörer zu sehr vom Produkt ab.

Bedrohungen
Fünf-Kräfte-Modell

Branche in Gefahr

In jeder Branche lauern Gefahren, die immer wieder den erwarteten Gewinn anzugreifen drohen. Bedrohungen, die auf eine Branche einwirken können, sind in Anlehnung an das Fünf-Kräfte-Modell (five forces) des US-amerikanischen Wirtschaftswissenschaftlers und Ökonomen Michael E. Porter, folgende:

1. Konkurrenten tragen einen Wettbewerbskampf aus.
2. Ein neuer Konkurrent kommt ins Spiel.
3. Lieferanten erhöhen Preise und/oder verschlechtern Konditionen.
4. Kunden handeln Preise herunter oder fordern Gimmicks und Zusatzleistungen ein.
5. Ein innovatives Konkurrenz-Produkt oder ein Produkt, das dieselbe Funktion übernimmt, kommt auf den Markt.

Das Fünf-Kräfte-Modell findet vor allem in der Konkurrenzanalyse (vgl. Kap. 1.1) Anwendung.

Nutzen für den Berufsalltag

Die englischen Begriffe der oben genannten fünf Kräfte heißen:

1. *intensity of competetive rivalry* = Intensität der Rivalität der Wettbewerber
2. *threat of entry* = Bedrohung durch den Markteintritt neuer Anbieter
3. *bargaining power of suppliers* = Verhandlungsstärke durch Lieferanten
4. *bargaining power of buyers* = Verhandlungsstärke durch Käufer
5. *threat of substitutes* = Bedrohung durch Ersatzprodukte

Bedrohungen
PRAXIS

1. **Fit in allen Marketingaktivitäten**
1.4 Durchführung der Marketingmaßnahmen

PRAXIS: Übung 19

Die *Lila Lounge GmbH* wird zukünftig vermehrt auf die Bekanntmachung der Marke durch PR setzen. Welche Gründe sprechen dafür?

Hier ist Platz für Deine Notizen. Einen Lösungsvorschlag findest Du am Ende des Buchs.

Zeitüberwachung
Ablaufplan

Im Zeitplan

Bei der Überwachung eines Projekts kommen zahlreiche Vorlagen zum Einsatz, mit denen man Zeit, Wirtschaftlichkeit und Qualität im Blick hat. Bezüglich der Zeitplanung kommen häufig Zeitachsen zum Einsatz, die sich mit Excel oder Power Point anfertigen lassen.

Ein Ablaufplan für ein Projekt könnte etwa so aussehen:

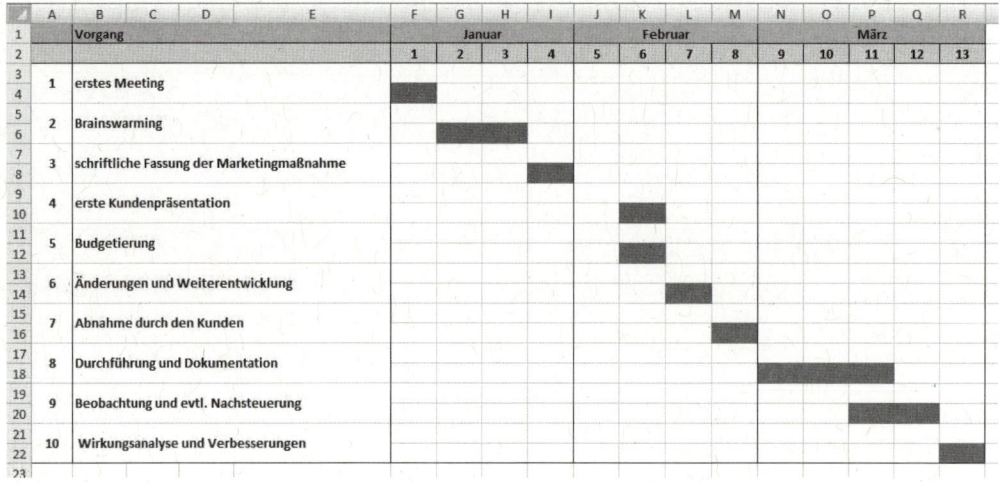

Zeitüberwachung
ALPEN-Methode

Im Zeitplan

Ein Hilfsmittel zur allgemeinen Zeitplanung stellt die **ALPEN-Methode** dar. Die einzelnen Buchstaben stehen für:

Aufgaben und Termine aufschreiben	⇨ eine To-do-Liste erstellen
Länge kalkulieren	⇨ Zeit möglichst realistisch einschätzen
Pufferzeit einplanen	⇨ 60 Prozent der Zeit verplanen, 40 Prozent als Puffer bereithalten
Entscheidungen abstufen	⇨ Prioritäten setzen, Wichtiges zuerst, Unwichtiges zuletzt
Nachkontrolle	⇨ Zeitdiebe entlarven, Feedback erstellen und einholen

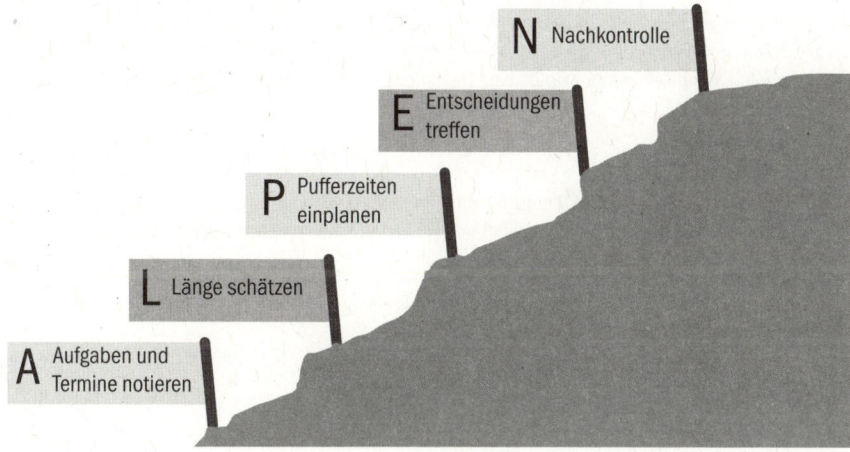

1. Fit in allen Marketingaktivitäten
1.5 Aktivitäten überwachen

Wirtschaftlichkeit
Ökonomisches Prinzip

Was ist wirtschaftlich?

Ertrag durch Aufwand gleich Wirtschaftlichkeit, so einfach ist das. Wären da nicht die zahlreichen Kennzahlen, die ins Detail gehen. Zunächst ein Überblick über Wirtschaftlichkeit im Allgemeinen.

$$\frac{Ertrag}{Aufwendungen} = Wirtschaftlichkeit$$

Ergebnis = 1: kostendeckende Wirtschaftlichkeit

Ergebnis < 1: keine Wirtschaftlichkeit bzw. Verlust

Ergebnis > 1: Wirtschaftlichkeit bzw. Gewinn

Das Verhältnis zwischen Input und Output bildet das ökonomische Prinzip ab, das sich in Minimal- und Maximalprinzip äußert. Nach dem Maximalprinzip ist mit vorgegebenem Mitteleinsatz, z.B. Geld, die größtmögliche Menge an Output herauszuholen. Beim Minimalprinzip ist eine bestimmte zu erreichende Menge vorgegeben, die so wenig wie möglich kosten soll.

Merkhilfe:

<u>Minimal</u>prinzip: Das Ziel oder die Menge ist von vornherein festgelegt. Dafür ist ein <u>Minimum</u> an Mitteln einzusetzen. Dieser Sachverhalt wird auch Sparsamkeitsprinzip genannt. Man kann fragen: Wie sparsam ist die Umsetzung möglich?

<u>Maximal</u>prinzip: Die Mittel, z.B. ein Geldbetrag, sind vorgegeben. Damit ist ein <u>Maximum</u> an Menge, oder ein größtmögliches Ziel zu erreichen. Dieses Verhältnis heißt auch Ergiebigkeitsprinzip. Man kann fragen: Wie ergiebig ist der Input? Wie lange reicht das Geld?

Wirtschaftlichkeit
Kennzahlen

1. Fit in allen Marketingaktivitäten
1.5 Aktivitäten überwachen

Wirtschaftlichkeit überprüfen

Unterschiedliche Kennzahlen können eine Aussage über den wirtschaftlichen Erfolg eines Unternehmens treffen:

Eigenkapitalrentabilität: In welchem Maß hat sich der Einsatz des Kapitals gelohnt?

$$\text{Eigenkapitalrentabilität (in \%)} = \frac{\text{Gewinn}}{\text{Eigenkapital}} \times 100$$

Gesamtkapitalrentabilität: Wie rentiert sich das gesamte im Unternehmen eingesetzte Kapital, Eigenkapital und Fremdkapital, bezüglich der Verzinsung? (entspricht dem ROI = Return on Investment)

$$\text{Gesamtkapitalrentabilität (in \%)} = \frac{\text{Gewinn + Fremdkapitalzinsen}}{\text{Gesamtkapital}} \times 100$$

Betriebsrentabilität: Welche Rendite hat das Betriebskapital erwirtschaftet?

$$\text{Betriebsrentabilität (in \%)} = \frac{\text{Betriebsergebnis}}{\text{betriebsnotwendiges Kapitel}} \times 100$$

Umsatzrentabilität: In wieweit ist das Unternehmen in der Lage sich selbst zu finanzieren?

$$\text{Umsatzrentabilität (in \%)} = \frac{\text{Gewinn}}{\text{Umsatz}} \times 100$$

Produktivität: Wie ist das Verhältnis von Input und Output?

$$P = \frac{\text{Output}}{\text{Input}}$$

Beispiel: 10 Arbeiter bauen 1500 Lampen zusammen

Daraus ergibt sich eine Arbeitsproduktivität von 150.

Nachsteuern
Preisuntergrenze

Am Limit

Bei der *Lampen Himmel GmbH & Co. KG* läuft der Absatz für die neue Lampe Fool-Light nicht so wie gedacht. Nun arbeitet die Marketingabteilung an einem neuen Werbeplan. Zudem soll ein attraktiverer Preis, der sich an der kurzfristigen Preisuntergrenze orientiert, den Verkauf ankurbeln.

Am Punkt der kurzfristigen (bzw. absoluten) Preisuntergrenze sind die variablen Kosten zwar gedeckt, jedoch ist ein Verlust in Höhe der Fixkosten einkalkuliert. Dies kann nur eine zeitlich beschränkte Maßnahme darstellen.

Langfristige und liquiditätsorientierte Preisuntergrenze

Die liquiditätsorientierte Preisuntergrenze berücksichtigt kurzfristig ausgabewirksame fixe Kosten, wie Gehälter, Löhne, Mieten, Sozialabgaben oder betriebliche Steuern. Die langfristige Preisuntergrenze sagt, zu welchem Preis die Vollkosten gedeckt sind.

Qualitätsüberwachung
ISO 9001

1. Fit in allen Marketingaktivitäten
1.5 Aktivitäten überwachen

Auf dem Prüfstand

Optimierung ist immer da möglich, wo ein Unternehmen sich selbst genau unter die Lupe nimmt. Kontinuierliche unternehmensinterne Verbesserung löst, wenn alles gut läuft, die Zufriedenheit der Kunden aus. Als eins der wichtigsten Fundamente des Qualitätsmanagements gilt die ISO 9001. Diese Norm ist eine Zertifizierung des Qualitätsmanagements, das als Mindestanforderung einen Qualitäts-Rahmen um die Prozesse eines Unternehmens legt.

Vorteile:
- Regelung der Verantwortung
- Schaffen von Transparenz
- Klärung der Zuständigkeiten
- Strukturen bilden
- Arbeitsabläufe festlegen
- schriftliche Fixierung, damit Mitarbeiter Vorlagen in der Hand haben (z.B. ein QM-Handbuch)
- Führungsverantwortung definieren
- Regelung der internen Kommunikation
- Stärken ausbauen
- Schwächen offenlegen
- Fehler erkennen

Ziele:
- Kosten senken
- Verbesserungen herbeiführen und Vorbeugungsmaßnahmen treffen
- Optimierung der Kundenkommunikation
- Kundenzufriedenheit erhöhen

Als Zertifizierungsstellen kommen beispielsweise TÜV, DEKRA oder DVS ZERT e.V. in Frage.

Qualitätsüberwachung

EFQM-Modell • Grundprinzipien • Bewertungskriterien

1. Fit in allen Marketingaktivitäten
1.5 Aktivitäten überwachen

Schritt für Schritt besser werden

Qualitative Maßstäbe setzt neben der ISO 9001 auch das EFQM-Modell der **E**uropean **F**oundation for **Q**uality **M**anagement, das eine vorausschauende Unternehmensführung zur kontinuierlichen Selbstkontrolle und Bewertung der Tätigkeiten und Ergebnisse nutzen kann. Als Ergebnis aus einem Rating weist es auf Stärken hin, deckt Schwächen auf und erkennt Verbesserungsmöglichkeiten. Auch die Kundenzufriedenheit (vgl. Kap. 3) findet in diesem komplexen Kreislauf Beachtung. Ein erfolgreiches Unternehmen verfolgt seine Mission nach dem EFQM-Modell auf der Basis von insgesamt acht **Grundprinzipien**:

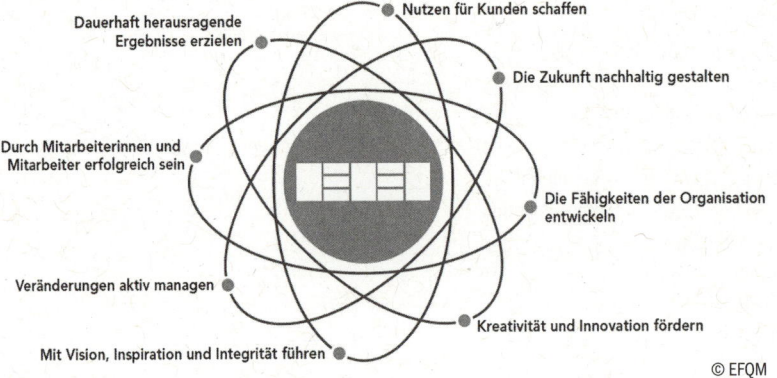

© EFQM

Prüfungstipp von Emir

EFQM Bewertungskriterien

Den Bewertungskriterien liegt die sogenannte RADAR-Logik zugrunde.

Results: zu erzielende Ergebnisse festlegen

Approach: fundierte Vorgehensweise planen, entwickeln und integrieren

Deployment: Umsetzung, zügige Einführung und systematische, angemessene Verwendung

Assessment: Bewertung, Messung, Lernprozesse aktivieren,

Refinement: Verbesserung im Einzelnen und Gesamten

Die **Kriterien** dieses Qualitätsmanagement-Modells überwachen die Führung, die Strategie, die Mitarbeiter, externe Partnerschaften und die eigenen Ressourcen, Prozesse, Produkte und Dienstleistungen, und ob Bedürfnisse und Erwartungen von Mitarbeitern und Kunden (auch Interessenspartner) erfüllt werden. Zudem legen sie kunden- und gesellschaftsbezogene Ergebnisse sowie Schlüsselergebnisse zugrunde – alles, um am Ende ein Ziel zu erreichen: das Leistungsniveau zu halten oder sogar zu steigern.

Qualitätsüberwachung
PRAXIS

1. **Fit in allen Marketingaktivitäten**
1.5 Aktivitäten überwachen

PRAXIS: Übung 20

Peter Köllner, Marketingleiter der *PRIMA Kölsch Privatbrauerei*, ist derzeit mit dem Brauereichef im Gespräch zum Thema Qualitätsüberwachung. Er hat sich mit dem EFQM-Modell auseinandergesetzt und die Auszubildende Lea gebeten, bei der Präsentation der Kernaussagen zu helfen.

A) Nenne drei Gründe, die den Brauereichef überzeugen könnten, das EFQM-Modell einzuführen.
B) Welche Anforderungen stellt das Modell an die Führungspersonen?

Hier ist Platz für Deine Notizen. Einen Lösungsvorschlag findest Du am Ende des Buchs.

1. **Fit in allen Marketingaktivitäten**
1.6 Wirkungen der Marketingmaßnahmen

Kontrollebenen
Marketing-Controlling • Kennzahlen

Zahlen-Akrobatik

Marketing-Experten jonglieren mit einer Vielzahl an Zahlen und Kontrollinstrumenten, an denen sich Erfolg – oder Misserfolg – einer Marketingmaßnahme messen lassen. Die Investition in eine Kampagne, ob Verkaufsförderung, Werbung, Sponsoring oder PR, soll schließlich in vielerlei Hinsicht eine spürbare Wirkung nach sich ziehen.

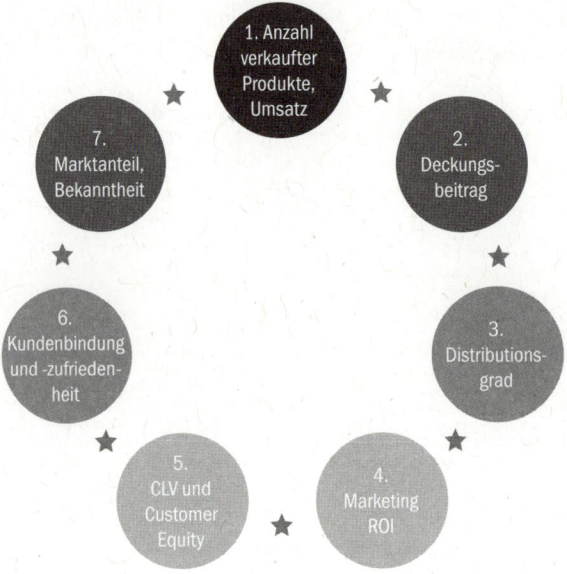

Kontrollebenen

1. Anzahl verkaufter Produkte und Umsatz • 2. Deckungsbeitrag

> 1. Fit in allen Marketingaktivitäten
> 1.6 Wirkungen der Marketingmaßnahmen

1 bis 2

1. Anzahl verkaufter Produkte und Umsatz

Welchen Umsatz erzielt das Produkt?

Eine der offensichtlichsten Zahlen betrifft die verkauften Produkte. Steigt die Verkaufszahl mit dem Start einer Marketingmaßnahme an, ist offenbar eine Wirkung zu verzeichnen. Bleiben die Verkaufszahlen wie gehabt, scheinen die Werbung, das Sponsoring oder sonstige Aktionen zu verpuffen. Dasselbe gilt für den Umsatz. Steigt der Umsatz merkbar an, sind die Kunden auf die Werbung angesprungen, bleibt er gleich, hat auch die brillanteste Idee nichts genützt.

Zu berücksichtigen ist, dass eine Wirkungsverzögerung eintreten kann oder saisonale Aspekte den Umsatz beeinflussen. Schnellen zum Beispiel Ende November die Verkaufszahlen für Adventskalender rasant in die Höhe, hat das mit der nahenden Adventszeit zu tun und würde auch ohne Kampagne geschehen.

2. Deckungsbeitrag

Trägt das Produkt zur Kostendeckung bei?

Der Deckungsbeitrag teilt mit, inwieweit ein Produkt oder eine Produktgruppe am Betriebsergebnis beteiligt ist. Ein Produkt, das trotz Werbekampagne keinen ausreichenden Deckungsbeitrag bringt, ist unter normalen Umständen zu streichen.

Kontrollebenen

3. Distributionsgrad • 4. Marketing-ROI

3 bis 4

3. Distributionsgrad

Wie weit ist die Marktdurchdringung fortgeschritten?

Am Distributionsgrad ist zu erkennen, an wie viel Prozent der in Frage kommenden Verkaufsstellen ein Produkt zu erwerben ist. Die Formel für den numerischen Distributionsgrad, der die Anzahl der Anbieter in Prozent angibt, lautet:

$$\text{numerische Distribution in \%} = \frac{\text{Anzahl der Anbieter des Produkts} \times 100}{\text{Gesamtanzahl der Anbieter}}$$

Die Formel für die gewichtete Distribution, die den Anteil des Umsatzes darstellt, lautet:

$$\text{gewichtete Distribution in \%} = \frac{\text{Umsatz der Anbieter eines Produkts} \times 100}{\text{Gesamtumsatz der Anbieter}}$$

4. Marketing-ROI oder ROMI

Wie hoch ist die Mehreinnahme durch eine Maßnahme?

Der Return on Marketing Investment sagt aus, wie viel Gewinn ein Unternehmen pro eingesetztem Euro für Marketingmaßnahmen macht.

$$\text{Marketing ROI} = \frac{\text{Rohertrag} - \text{Marketingausgaben}}{\text{Marketingausgaben}}$$

Aussagekräftige Ergebnisse sind in einem längeren Werbezeitraum zu erzielen. Im Online-Marketing kann mit dem ROI herausgefiltert werden, auf welchen Social-Media-Seiten die größte Wirkung zu erzielen ist.

Kontrollebenen
5. CLV und Customer Equity

| 1. Fit in allen Marketingaktivitäten |
| 1.6 Wirkungen der Marketingmaßnahmen |

5

5. CLV und Customer-Equity

Welchen Gewinn bringt ein Kunde? Was bringt ein Kunde insgesamt?

Der Customer Lifetime Value, der **CLV**, zeigt den Kundenkapitalwert auf, womit der Gewinn, den ein Anbieter mit einem Kunden während der gesamten Kundenbeziehung macht, gemeint ist.

Der **Customer Equity** beschreibt die Summe aller Customer Lifetime Value Werte, die den Ertrag einer jeden Kundenbeziehung einzeln aufzeigen. Der Ertragswert kann sich auf einzelne Kunden oder Kundengruppen beziehen. Fällt die Customer Equity hoch aus, weist das auf zukünftig hohe Einnahmen mit dem oder den bestehenden Kunden hin. Er lässt sich in einer Geldsumme ausdrücken (= Black-Box-Modell), in einem psychographischen Wert oder in einer Mischform beider Messungen, einem hybriden Modell. Das Black-Box-Modell ist rein monetär und hält die Summe aller Ein- und Auszahlungen im Lauf der Geschäftsbeziehung fest. Die psychographischen Werte beruhen auf einem verhaltenstheoretisch orientierten Modell, das etwa eine Aussage über Einstellungen und Gefühle, die Dauer des Kontaktzyklus, die Auswahl der Produkte oder die Kaufhäufigkeit zulässt.

Kontrollebenen

6. Marketing-ROI • 7. Marktanteil und Bekanntheit

6 und 7

6. Kundenbindung und Kundenzufriedenheit

Wie viele Kunden sind hinzugekommen? Wie zufrieden sind sie?

Um die Wirkung einer Marketingmaßnahme messen zu können, ist die Anzahl neuer Kunden eine konkrete Aussage, da sie mitteilt, wie viele Kunden sich an das Unternehmen haben binden lassen. Weiterhin trifft die Response-Rate eine Aussage über die Wirkung des Einsatzes von Kundenbindungsinstrumenten, wie Gewinnspiele, Coupons oder die Nutzung einer App. Die Kundenzufriedenheit wird in der Anzahl der Kundenbeschwerden oder in Online-Bewertungen sichtbar, lässt sich aber auch durch den aufwendig zu analysierenden Kundenzufriedenheitsindex ausdrücken. Ein gleichermaßen hohes Maß an Kundenbindung und Kundenzufriedenheit mündet in Kundenloyalität.

7. Marktanteil und Bekanntheit

Steigt der Marktanteil? Erinnern die Menschen sich an eine Marke?

Ob der Marktanteil zunimmt, ist mit den Formeln zur Berechnung des absoluten oder relativen Marktanteils festzustellen.

Steigt der absolute Marktanteil, also der prozentuale Anteil am Gesamtumsatz eines Markts, nimmt auch der Bekanntheitsgrad zu. Dies ist in der linearen Regression darzustellen: Je mehr Marktanteile, umso größer die Bekanntheit.

Die Bekanntheit soll bei Menschen steigen, die bis jetzt noch nichts gekauft haben, in Zukunft aber dazu angeregt werden sollen. Die Bestimmung des Bekanntheitsgrads ist auf dieser Ebene schwierig, gilt aber als entscheidend für eine Kaufabsicht, weil die Erinnerung an eine Marke, einen Slogan oder ein Logo zum Kauf animiert. Die im Folgenden genannten Methoden können helfen.

Kontrollebenen
Methoden

Kenne ich oder kenne ich nicht

Wenn ein Kunde sich an eine Werbung erinnern kann, ist dies als Erfolg zu verzeichnen. Zur Ermittlung der Bekanntheit gibt es mehrere Wege:

- klassisch durch Umfragen
- Beobachtung des Traffics auf einer Website
- Suchvolumen oder Beobachtung der Social Media Plattformen und damit zusammenhängender Reichweiten
- bei Twitter die Retweet-Rate, also das Maß der Weiterverbreitung eines Tweets/einer abgesendeten Meldung
- Recall-Test: gestützte oder ungestützte Markenbekanntheit (gestützt: mit Gedächtnisstütze, ungestützt: ohne Gedächtnisstütze)
- Copy-Test: zur Prüfung eines Werbemittels, meist mit Stichproben aus 20 – 50 Probanden als Einzelinterview oder in einer Fokusgruppe (= Gespräch zu einem bestimmten Thema mit 4 – 12 Personen)
- Starch-Test: Testpersonen bekommen Zeitungen und Zeitschriften vorgelegt, um zu sagen, welche Anzeigen sie schon einmal gesehen haben (auch Recognition-Test).
- Day After Recall Test: Die Testpersonen werden einen Tag, nachdem sie eine Werbung entweder im Radio, TV oder einer Zeitung wahrgenommen haben gefragt, ob und woran sie sich erinnern können.

Diese Zahlen sind zu sammeln und miteinander zu vergleichen, um eine Erkenntnis über die Veränderung der Markenbekanntheit zu erlangen. Außerdem ist zum Beispiel die Werbewirkung einer Anzeige der Konkurrenz zu untersuchen, um daraus Schlüsse für eigene Anzeigen zu ziehen.

1. **Fit in allen Marketingaktivitäten**
1.6 Wirkungen der Marketingmaßnahmen

Kontrollebenen
PRAXIS

PRAXIS: Übung 21

Nach der Umgestaltung der Geschäftsräume und zum Erscheinen des neuen Katalogs möchte die *Lampen Himmel GmbH & Co. KG* eine Plakatwerbung in mehreren Städten realisieren. Vorher soll ein Copytest zu einem Plakatentwurf durchgeführt werden.

A) Entwirf einen Fragenkatalog, welche Fragen der Test beinhalten könnte.
B) Erkläre den Unterschied zwischen Recall und Recognition.

Hier ist Platz für Deine Notizen. Einen Lösungsvorschlag findest Du am Ende des Buchs.

Verbesserungen
Handlungsbedarf

> 1. **Fit in allen Marketingaktivitäten**
> 1.6 Wirkungen der Marketingmaßnahmen

In den vorausgegangenen Punkten 1 – 7 ist zu sehen, dass sich auf unterschiedlichen Kontrollebenen Aussagen über den Erfolg des Einsatzes bestimmter Werbemittel machen lassen und ob die Nachfrager darauf reagiert haben. Aber was, wenn nicht? Wenn der Umsatz sinkt, die Verkaufszahlen nachlassen, die Kundenzufriedenheit schwindet, Kundenbindungsinstrumente keine Rücklaufraten mehr bringen, der ROI in den Keller fällt, Marktanteile verlorengehen und Verkaufsstellen das Produkt abstoßen. Dann herrscht Alarmstufe rot und es besteht dringender **Handlungsbedarf**. Zum einen sind Marketingmaßnahmen einzustellen, zum anderen können sie verändert werden. Hierfür ist mit den Instrumenten des Marketingmix, die in Kap. 1.1 ausführlich erläutert sind, an den entsprechenden Schrauben zu drehen:

1. am Preis
2. am Produkt
3. am Absatz
4. an der Kommunikation

Die Marketinginstrumente beherrschen, Ressourcen planen, Kosten ermitteln, den Verkauf fördern, Überwachung, Nachsteuerung und Wirkung – ein Produkt oder eine Dienstleistung für den Markt vorzubereiten ist für Dich keine Kunst mehr. Der nächste Schritt ist nun der Vertrieb, damit Dein Ausbildungsbetrieb nicht auf seinen Verkaufsschlagern sitzen bleibt.

2. Fit im Vertrieb der Dienstleistungen und Produkte

2.1 Kundendaten und -informationen nutzen

Einleitung
Vertrieb

Hat ein von zündenden Ideen und strategisch klugen Maßnahmen durchzogenes Marketing Erfolg, kann ein Unternehmen auf einen florierenden Absatz blicken. Neben den Marketingaktivitäten kommt nun auch der Vertrieb ins Spiel, um die Produkte und Dienstleistungen möglichst zahlreich an den Mann zu bringen. Für Kapitel 2 der hier behandelten Wahlqualifikation sieht die IHK folgende Teilbereiche vor:

2.1 Kundendaten und -informationen nutzen

2.2 Vertriebsformen berücksichtigen

2.3 Situation des Kunden analysieren, Bedarf feststellen, kundengerechte Lösungsvorschläge entwickeln und erläutern, über Finanzierungsmöglichkeiten informieren; Angebote unterbreiten

2.4 Verträge und Vertragsverhandlungen vorbereiten und an Vertragsabschlüssen mitarbeiten

2.5 Erfüllung der Verträge überwachen, bei Abweichungen Maßnahmen einleiten

Kundendatenbank
CRM • SCRM

2. Fit im Vertrieb der Dienstleistungen und Produkte
2.1 Kundendaten und -informationen nutzen

Sie wünschen?

Guten Tag Frau Schmidt, was kann ich heute für Sie tun? – Guten Morgen Herr Müller, schön, dass Sie reinschauen! Das klingt nach längst vergangenen Zeiten, als die Kunden beim Eintritt in ein Geschäft noch mit ihrem Namen begrüßt wurden. Heute weiß meistens keiner mehr, wie die Käufer heißen – außer das **CRM**, das Customer Relationship Management.

In einer entsprechenden Software sind die Kundendaten im optimalen Fall gespeichert und jederzeit abzurufen. Ein Datensatz enthält den Namen und Kontaktdaten des Kunden, eine Analyse seiner Käufe, Inhalte möglicher Telefonate, Briefe und E-Mails und Details über Wünsche und Interessen.

Dies macht nicht nur ein individuelles Kundengespräch möglich, sondern auch das Auslösen geeigneter Marketingmaßnahmen. Personen, die einmal in einer CRM-Datenbank gespeichert sind, erhalten etwa Infopost, Produktinformationen, Newsletter, Gutscheine oder persönliche Einladungen zu Sonderverkäufen. Erfolgt das Kundenbeziehungsmanagement über soziale Netzwerke wird die Bezeichnung **SCRM**, *Social Customer Relationship Management*, verwendet.

Je mehr ein Unternehmen über einen Kunden weiß, umso besser können nachfolgende Beratungen ausfallen. Besonders wichtige Kunden, Schlüsselfiguren mit einem hohen Kundenwert, werden oftmals umfassend durch Key Account Manager betreut.

Eine **Kundendatenbank**, in der alle Daten der Kunden gesichert sind, gilt als das wichtigste Hab und Gut eines Unternehmens und die Pflege und Verwaltung nimmt einen hohen Stellenwert ein.

2. Fit im Vertrieb der Dienstleistungen und Produkte
2.1 Kundendaten und -informationen nutzen

Social Media
Soziale Netzwerke • Kundendatenbank • Database-Marketing • Leadgenerierung

Kundendaten sind Gold wert

Soziale Netzwerke sind eine Fundgrube für die Marketingabteilung. Hier liegen unzählige Informationen über Kaufabsichten und Kaufverhalten verborgen. Ein Unternehmen, das diesen Schatz birgt, kann sich ein genaues Bild von einem Kunden oder einer Kundengruppe machen und ihnen ein exakt auf ihre Bedürfnisse zugeschnittenes Marketing servieren. Zentrales Steuerungselement ist dabei die **Kundendatenbank**.

Dort sind allen relevanten Daten der Kunden, wie Kontaktdaten, Bankverbindung, Dokumentation aller Kundenaktivitäten, Jahreseinkommen, Versicherungsstatus, Wiedervorlage-Angelegenheiten oder Anrufprotokolle gespeichert. Sie ist das Herzstück des Vertriebs zur effizienten Verwaltung, Steuerung und Kontrolle. Die systematische Erfassung und Aufbereitung der Kundendaten wird als **Database-Marketing** bezeichnet. Dabei sind die Grundsätze der DSGVO (= Datenschutz-Grundverordnung) zur Verarbeitung personenbezogener Daten einzuhalten. Insbesondere muss hiernach eine Einwilligung der betroffenen Person vorliegen, eine Notwendigkeit zur Erfüllung eines Vertrags oder eine zulässige Rechtsgrundlage. (Vgl. DSGVO Art. 6 Abs. a), b) und c))

Ein Unternehmen muss in allen Phasen einer Entscheidungsfindung Präsenz zeigen.

Phase 1 Kunde: sammelt Informationen
Unternehmen: präsentiert den individuellen Wünschen entsprechende Informationen, die einen Mehrwert liefern

Phase 2 Kunde: Interesse ist geweckt
Unternehmen: persönliche Beratung

Ein Unternehmen, das die sozialen Netzwerke intelligent ausnutzt und sich ständig auf dem Laufenden hält, was es Neues gibt, kann hier auf Direktmarketing setzen und bei Facebook, in Blogs oder Foren neue Kunden gewinnen.

Was ist unter **Leadgenerierung** zu verstehen? Als **Lead** beschreibt das Marketing einen interessierten Neukunden, also jemanden, mit dem man ins Geschäft kommen könnte. Signalisiert ein potenzieller Kunde Interesse an einem Produkt oder einer Dienstleitung, kann er mit den Informationen versorgt werden, die seinen aktuellen Bedürfnissen nahekommen, womit ein Abschluss immer näher rückt. Diesen Moment gilt es zu nutzen. Leadgenerierung ist dementsprechend die Gewinnung möglichst vieler Interessenten, aus denen neue Kunden werden. Dazu werden telefonische Beratung, Coupons, E-Mails, Kataloge, Produktproben, online Werbebanner oder Textlinks eingesetzt. Im Online-Geschäft ist die Analyse des Verhaltens im Internet einer der wichtigsten Aspekte. Ist ein möglicher Kunde etwa in einem großen Online-Kaufhaus unterwegs, können seine Bewegungen beobachtet werden und auf seinem PC erscheinen Vorschläge, die seinen Interessen entsprechen. Professionelle Anbieter haben sich auf Lead Management spezialisiert und verkaufen Leads.

Absatzwege
Direkt • Indirekt • Single-Channel • Multi-Channel

2. **Fit im Vertrieb der Dienstleistungen und Produkte**
2.2 Vertriebsformen berücksichtigen

Marketing am rechten Platz

Marketing und Vertrieb sind im unternehmerischen Alltag eng miteinander verknüpft. Während einige Aktionen auf alle Bereiche wirken, wie Sponsoring oder eine stadtweite Großflächenkampagne, gehen bestimmte Marketingmaßnahmen ihren eigenen Weg, da sie genau auf ihren Vertriebsweg abgestimmt sind. Nicht an jedem Point of Sale ist jede Maßnahme umzusetzen. Das Internet kann keine Verkostung von Keksen anbieten, eine Filiale keine „Cookies" speichern.

Nicht durcheinanderbringen:

Der **direkte** Vertrieb erfolgt über den direkten Kontakt zu einem Kunden, der **indirekte** Vertrieb über den Verkauf durch einen Vermittler, wie den Großhandel und den Einzelhandel (vgl. Kap. 1.1).

Single-Channel-Distribution bedeutet: Hierbei setzt ein Unternehmen auf einen Absatzkanal. **Multi-Channel**-Distribution ist durch den Vertrieb über mehrere Vertriebswege gekennzeichnet.

Prüfungstipp von Hannah

Begriffe

Absatzmittler: wird Eigentümer der Ware, z.B. ein Groß- oder Einzelhändler

Absatzhelfer: wird nicht Eigentümer der Ware, z.B. ein Außendienstmitarbeiter

Absatzkette: einzelne Glieder des Vertriebswegs

Endverbraucher: kein Weiterverkauf, sondern eigener Konsum

Physische Distribution: Transportmittel, Transportwege, Lagerhaltung, Lieferung, Verpackung

2. Fit im Vertrieb der Dienstleistungen und Produkte
2.2 Vertriebsformen berücksichtigen

Absatzwege
Distributionsgrad

Weit verbreitet

Für die *PRIMA Kölsch Privatbrauerei GmbH & Co. OHG* ist die Anzahl der Verkaufsstellen ein wichtiger Indikator der flächenmäßigen Verteilung. Wo die einzelnen Produkte überall erhältlich sind, drückt der Distributionsgrad aus. Dabei stellt sich ein Unternehmer drei Fragen: Wie viel Prozent der Anbieter am Markt bieten mein Produkt an? Wie schwer wiegt der Umsatz, den diese Anbieter mit meinem Produkt machen? Welchen Distributionsfaktor erreiche ich damit?

Die Auszubildende Lea musste herausfinden, ob das neue Biermischgetränk Lemon-Meschong an umsatzstarken oder umsatzschwachen Verkaufsstellen steht. Die numerische Distribution hatte ergeben, dass 45 Prozent aller Geschäfte am relevanten Markt das Getränk anbieten. Diese 45 Prozent erzielen 66 Prozent des gesamten Umsatzes.

Lea sollte den Distributionsfaktor ermitteln. Wie sie vorgegangen ist, damit geht es im Folgenden weiter.

Nutzen für den Berufsalltag

Aus dem Vertrieb sind zahlreiche Instrumente zur Kundenbindung einzusetzen: Telefonverkauf, Katalogverkauf, Onlineverkauf, Abonnementverkauf, Verkauf von Wartungsverträgen oder Produktvorführungen bei Kunden. Aber Achtung: Es gilt das Gesetz gegen den unlauteren Wettbewerb (UWG). Im Speziellen sind Cold Calls, das sind unaufgeforderte Anrufe bei Verbrauchern, verboten. Ein Verkauf an der Haustür, laut Gesetzestext zählt dies zu den „außerhalb von Geschäftsräumen geschlossenen Verträgen", ist dagegen erlaubt, mit der Einschränkung eines zweiwöchigen Widerrufsrechts ohne Angabe von Gründen (BGB § 312b).

Prüfungstipp von Kevin

Ich habe mein internetfähiges Smartphone immer griffbereit und kann jederzeit im Internet bestellen, was ich gerade benötige. Die Fachleute sprechen hierbei von *Everywhere Commerce*.

Diese Art des Vertriebskanals heißt **Mobile Channel**.

Vertriebskontrolle
Distributionsgrad • Ziele

2. Fit im Vertrieb der Dienstleistungen und Produkte
2.2 Vertriebsformen berücksichtigen

Gut verteilt ist halb gewonnen

Mit der Interpretation des Distributionsfaktors kann Lea die gewünschte Information, ob die Lemon-Meschong gut verteilt ist, liefern. Ein Faktor von 1,0 oder höher bedeutet, das Getränk ist an umsatzstarken Plätzen zu finden. Ein Faktor unter 1,0 macht auf eine falsche Verteilung an überwiegend umsatzschwachen Verkaufsstellen aufmerksam.

$$\frac{66}{45} = \text{Distributionsfaktor Biermischgetränk}$$

$$\frac{66}{45} = 1{,}47$$

Jetzt kann Lea eine Aussage über die Marktdurchdringung treffen. Da der Faktor mehr als 1,0 beträgt, ist die Lemon-Meschong weit verbreitet und für die Verbraucher gut erhältlich.

Channel policy

Die Wahl der Absatzwege ist eine entscheidende Aufgabe, um die Ziele der Distributionspolitik zu verfolgen. Hersteller nutzen den Handel als Abnehmer ihrer Produkte, um den anvisierten Distributionsgrad zu erreichen: Den stationären Großhandel, der in den Erscheinungsformen Aufkaufhandel, Produktionsverbindungshandel und Verteilungsgroßhandel in Erscheinung tritt und die Betriebsformen des stationären Einzelhandels: Supermarkt, Fachgeschäft, Fachmarkt, Discountgeschäft, Kaufhaus, SB-Warenhaus, Gemischtwarengeschäft.

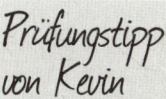
Prüfungstipp von Kevin

Ziele der Distributionspolitik
- Umsatz steigern
- einen festgelegten Distributionsgrad erreichen
- Lieferbereitschaft sicherstellen
- Sicherung der Marktanteile
- Senkung der Vertriebskosten

Das Lager
Mindestbestand • Meldebestand • Höchstbestand

Bereit zu liefern?

Die Lieferbereitschaft spielt beim Vertrieb eine entscheidende Rolle: Ohne verfügbare Ware kein Absatz, kein Umsatz, keine Marktanteile.

Die Abläufe im Lager sind genau festgelegt. Sonst finden die Lagermitarbeiter später nichts wieder oder sie müssen für die Kommissionierung stundenlang suchen. Das geht natürlich nicht! Mit Kommissionieren ist das Zusammenstellen der einzelnen Produkte einer Bestellung gemeint, das Verpacken, sowie ihre Übergabe an den Versand oder die Warenausgabe. Hierbei ist ein Packzettel auszustellen, der Warenausgang in der Lagerdatei zu verbuchen und der neue Bestand zu berechnen.

Die drei Lagerbestandsgrößen lauten: **Mindestbestand**, **Meldebestand** und **Höchstbestand**.

Der Mindestbestand ist die unterste Bestandsgrenze. Das heißt, so viel Ware muss mindestens im Lager vorhanden sein, um einen reibungslosen Ablauf zu sichern, damit also immer Ware an den Kunden geliefert werden kann. Er ist die eiserne Reserve, weshalb er auch der "eiserne Bestand" heißt.

Bei einem Meldebestand müssen neue Produkte hergestellt oder bestellt werden. Der Höchstbestand beschreibt das Limit. Mehr Ware darf keinesfalls gelagert werden. Ein optimaler Lagerbestand ist dann erreicht, wenn möglichst geringe Lagerkosten entstehen und ausreichend Erzeugnisse vorhanden sind, um die Aufträge optimal ausführen zu können.

Das Lager
Bedarfsplanung • Bestellpunktverfahren • Bestellrhythmusverfahren

> 2. **Fit im Vertrieb der Dienstleistungen und Produkte**
> 2.2 Vertriebsformen berücksichtigen

Was fehlt im Lager?

Mit der **Bedarfsplanung** wird der Bedarf im Lager geplant. Gerade im Lager kommt es darauf an, dass die Ware pünktlich angeliefert wird, damit die Kunden zufrieden sind. Deshalb liegt der Lagerhaltung eine stetige Analyse des Lagerbestands zugrunde, damit immer klar ist, welche Ware fehlt und nachzuordern ist.

Bestellpunkt- versus Bestellrhythmusverfahren

Beim Bestellpunktverfahren wird eine Bestellung ausgelöst, sobald ein bestimmter Lagerbestand erreicht ist. In der Regel sind die bestellten Mengen beim Bestellpunktverfahren gleich hoch und optimal errechnet. Beim Bestellrhythmusverfahren wird Ware immer innerhalb eines festen Zeitraums bestellt: Zum Beispiel alle zwei Monate. Es werden je nach Bedarf unterschiedliche Mengen bestellt.

Fremdlager

Hin und wieder ist der Unterhalt eines eigenen Lagers zu teuer, es ist eine besondere Art der Lagerung (etwa in einem Kühlhaus) erforderlich oder ein Unternehmen benötigt kurzfristig eine größere Lagerfläche. Dann fällt die Entscheidung für eine Fremdlagerhaltung. Die Vorteile: ausgebildete Lagerhalter, EDV-Steuerung, Pflege der Ware, häufig auch Auslieferung an Kunden.

Nach dem kleinen Ausflug ins Lager rückt jetzt die Situation des Kunden ins Blickfeld, denn der soll die Waren schließlich kaufen.

Kundenbewertung
ABC-Analyse

Du musst dich entscheiden

Grundsätzlich gilt vielerorts: Der Kunde ist König. Aber mit einer genauen Analyse gibt es dann doch Unterschiede. Damit ist ein umsatzstarker und treuer Kunde dann höher eingestuft, als ein Einmalkäufer. Mit der **ABC-Analyse** lassen sich Kunden kategorisieren:

A-Kunden = sehr wichtig

B-Kunden = wichtig

C-Kunden = weniger wichtig

A-Kunden: sind in der Anzahl gering, machen aber den Großteil des Umsatzes (z.B. erbringen 20 Prozent aller Kunden 80 Prozent des gesamten Umsatzes)

B-Kunden: liegen zahlenmäßig im Mittelfeld, erbringen einen geringeren Umsatz als A-Kunden (z.B. sind 30 Prozent aller Kunden B-Kunden, die 15 Prozent des gesamten Umsatzes einbringen)

C-Kunden: machen den größten Anteil in der Anzahl aus, jedoch den geringsten Umsatz (z.B. erbringen 50 Prozent aller Kunden nur 5 Prozent des Umsatzes)

Die besondere Aufmerksamkeit eines Unternehmens gilt den A- und B-Kunden. Die A-Kunden sind mit intensiver Betreuung, zusätzlichen Rabatten oder Aktionen zu halten und B-Kunden gilt es in A-Kunden zu verwandeln.

Kundenbewertung
RFMR-Methode

Der gute Kunde

Neben der ABC-Analyse existiert ein spezielles Marketinginstrument für den Versandhandel, das eine Strukturierung der Kundengruppen erlaubt: die **RFMR-Methode**. Hierbei gilt genau den Kunden, die sehr wahrscheinlich etwas bestellen werden, eine Marketingaktivität, beispielsweise die Zusendung eines Katalogs. An der Anzahl der Bestellungen ist abzulesen, ob es sich um Neukunden oder Mehrfachkäufer handelt.

R	recency =	Neuheit:	Zeitpunkt der letzten Bestellung
F	frequency =	Frequenz:	Bestellhäufigkeit
MR	monetary ratio =	Bestellwert:	Rechnungsbetrag

Ein Punktesystem bringt den individuellen Wert eines Kunden ans Tageslicht. Je mehr Punkte, desto größer die Chance auf eine neue Bestellung.

Kundenbewertung

Kundennutzen • Produktnutzen

Aus der Perspektive des Kunden

Kundennutzen (engl. *Customer Value* oder *Customer Utility*)

Ein Kunde entscheidet sich immer für den Anbieter, der ihm den bestmöglichen Nutzen bringt oder verspricht. Hat ein Unternehmer dies erkannt, kann er dem Kunden perfekt auf ihn zugeschnittene Lösungen anbieten.

Er muss also den Nutzen herausarbeiten, den ein Kunde bei ihm hat und, was ebenso wichtig ist, er muss diesen kommunizieren: Bei mir haben Sie einen **Vorteil**! Ich biete Ihnen **Sicherheit** und **Komfort**! Sie gelangen zu **Anerkennung** und **Selbstverwirklichung**!

Kundennutzen kann in den drei Bereichen Preis, Service und Qualität geschaffen werden, um daraus möglicherweise einen Wettbewerbsvorteil zu ziehen.

Darüber hinaus spielen auch die Befriedigung des ästhetischen Empfindens und soziale Anerkennung eine Rolle. Der Nutzen eines Smartphones beispielsweise besteht nicht nur aus den technischen Komponenten, sondern soll auch in Form und Farbe gefallen und womöglich einem sozialen Status entsprechen.

Der Nutzen eines Produkts wird dem Konsumenten in Form verschiedener Vorteile aufgezeigt. Hierbei ist auch die Rede vom Kundenbenefit oder Verbrauchervorteil (engl. *consumer benefit*).

Kundenbewertung
PRAXIS

2. Fit im Vertrieb der Dienstleistungen und Produkte
2.3 Situation des Kunden analysieren

PRAXIS: Übung 22

Für die *Lila Lounge GmbH* ist es an der Zeit den Kundennutzen und im Speziellen den Produktnutzen zu überprüfen. Kevin soll die Marketingabteilung unterstützen und aufzeigen, welche Punkte gecheckt werden sollten.

Nenne je drei Beispiele für Qualität, Preis und Service.

Hier ist Platz für Deine Notizen. Einen Lösungsvorschlag findest Du am Ende des Buchs.

Situationsanalyse

Persönlicher Verkauf • Verkaufsgesprächsführung • Abschluss

Mehr als verkaufen

Wenn Kevin in seinem Ausbildungsbetrieb, der *Lila Lounge GmbH*, einen Kunden berät, hat er insgeheim immer die folgenden grundsätzlichen Fragen im Kopf: Was braucht der Kunde? Worauf hat er Lust? Wieviel Geld kann er ausgeben? Welchen Geschmack hat er? All dies muss er wissen, um das Bedürfnis des Kunden in einen Verkaufsabschluss zu verwandeln. Das **Verkaufsgespräch** durchläuft fünf Phasen. Am Anfang hat ein Kunde ein Bedürfnis, das er befriedigen möchte. Aufgabe des Verkäufers ist es, im Rahmen einer Bedarfsanalyse seine Kaufmotive zu erforschen, indem er gezielt und mit einer professionellen Fragetechnik Informationen erfragt. Ist der erste Schritt vom Bedürfnis zum Bedarf vollzogen, kann der Verkäufer die Vorteile seines Produkts darlegen, um dem Kunden den Nutzen vor Augen zu führen. Das Ergebnis ist, mit ein bisschen Glück, der **Abschluss**.

Gute Argumente, die richtigen Fragen, Fachkompetenz und die Technik des aktiven Zuhörens (vgl. Kap. 2.3) sind das A und O, um sich glorreich ans Ziel zu kämpfen. Ein erfolgreiches Gespräch kann zuweilen einem Brainstorming gleichen, in dem Ideen gefragt sind, sowohl vom Kunden als auch vom Verkäufer, so dass sie den Weg der Lösungsfindung gemeinsam beschreiten.

Nach dem Abschluss hat der Verkäufer den Kunden in der Hand und lässt ihn so schnell nicht wieder los: Genau jetzt beginnt die Kundenbindung. Ein zusätzlicher Rabatt, eine Einladung zum nächsten Sonderverkauf, ein Kaffee, eine E-Mail am folgenden Tag, das sind nur einige Ideen, damit ein möglichst langer Kundenlebenszyklus beginnt.

Situationsanalyse
Überzeugungskraft • Soft Skills • Hard Skills

2. Fit im Vertrieb der Dienstleistungen und Produkte
2.3 Situation des Kunden analysieren

Sie brauchen das!

Sobald ein Kunde ein Geschäft betritt oder eine Homepage besucht ist klar, er hat Interesse. In ihm lauert der Wunsch nach einer bestimmten Sache, die er gerne hätte. Wovon lässt er sich jetzt überzeugen? Geht ein Verkäufer kontaktfreudig und voller Überzeugungskraft und Geschick in ein Kundengespräch, kann er auf verschiedene Strategien setzten und diese mischen.

Eine kleine Anleitung

1. Qualität eines Produkts: Legen Sie dem Kunden die Vorteile eines langlebigen Produkts dar.
2. Seltenheit eines Produkts: Weisen Sie darauf hin, dass er zu einem ausgewählten Kreis gehört, wenn er dieses Produkt besitzt.
3. Sympathie: Arbeiten Sie daran, dass die Kunden Sie auf Anhieb nett finden.
4. Hilfe bei der Entscheidungsfindung: Erfahren Sie Probleme und lösen Sie diese gemeinsam mit dem Kunden.
5. Nutzen: Erläutern Sie ihm, dass er durch das Produkt Zeit und Geld spart. Machen Sie auf Komfort aufmerksam, auf neue Annehmlichkeiten oder gesundheitliche Vorteile. In bestimmten Fällen zählt auch das Argument, mit einem Produkt „in" zu sein.
6. Spaß: Vermitteln Sie ihm, dass er Freude an dem Produkt haben wird.

Die Liste zeigt, in einem Verkaufsgespräch sind nicht nur **Hard Skills**, sondern ebenso **Soft Skills** gefragt. Damit sind harte und weiche Fähigkeiten gemeint.

Soft Skills	Hard Skills
• gehen über fachliche Fähigkeiten hinaus • beziehen sich auf soziale Fähigkeiten • umfassen die gesamten persönlichen Kompetenzen (z.B. Menschenkenntnis, Stressbewältigungsvermögen)	• berufstypische Qualifikationen • Fachkompetenz

©u-form Verlag – Kopieren verboten!

2. Fit im Vertrieb der Dienstleistungen und Produkte
2.3 Situation des Kunden analysieren

Das Verkaufsgespräch
Geschäft • Verkäufer

Ein Ausflug in die Kundenpsychologie

Nicht zu unterschätzen ist, was VOR dem eigentlichen Kundengespräch geschieht. Stehen Mitarbeiter rauchend vor dem Laden, ist die Außenfassade verschmiert, sind Pflanzen verwelkt, herrscht Unordnung in den Regalen oder liegt ein unangenehmer Geruch in der Luft, ist ein möglicher Kunde gleich skeptisch. Ist dann womöglich der Ansprechpartner zu beschäftigt und obendrein unsympathisch – war's das.

Stimmt jedoch der erste Eindruck, kommt das Gespräch in Gang. Auf dieses muss der Verkäufer vorbereitet sein wie ein Schauspieler auf seinen nächsten Film. Während dieser das Drehbuch in und auswendig lernt, trainiert ein Verkäufer die Dramaturgie des Verkaufsgesprächs. Beide, sowohl der Anbieter im Laden als auch der Filmkünstler, stehen vor der Herausforderung, die Leute von ihrer Authentizität (= Echtheit), zu überzeugen. Gelingt dies nicht, erhält der TV-Held eine schlechte Kritik, dem anderen misslingt der Verkauf seines Produkts. In erster Linie geht es darum, sich selbst gut zu verkaufen. Denn auch wenn das Produkt im Vordergrund steht, nimmt der Kunde zum größten Teil den Verkäufer in seiner Gesamtheit wahr, seine Mimik, seine Gestik, seinen Tonfall, seine Körperhaltung und seine Kleidung. Stimmt die Chemie, hat auch das Produkt gute Chancen, das Geschäft zu verlassen. Es geht also im Marketing und Vertrieb nicht nur darum, bei einem Kunden den Wunsch auszulösen, ein bestimmt Produkt besitzen zu wollen, sondern auch, es von diesem Verkäufer zu erwerben.

1. Check! Das Geschäft

Allgemeiner Eindruck: Saubere Außenfassade? Saubere Geschäftsräume? Saubere Fenster? Ordentlich? Aufgeräumt?

2. Check! Der Verkäufer

Eindruck von den Verkäufern: Gepflegt? Offen? Ansprechbar? Sympathisch? In der Gesprächsführung überzeugend?

Das Verkaufsgespräch
No-Gos • To-dos • PRAXIS

2. Fit im Vertrieb der Dienstleistungen und Produkte
2.3 Situation des Kunden analysieren

Das Gespräch:

Die absoluten **No-Gos**:
- geschlossene Fragen mit begrenzter Antwortmöglichkeit zu Beginn des Gesprächs
- Floskeln
- pausenloses Reden
- Fachchinesisch
- in Verallgemeinerungen untergehen
- Unsicherheit
- Desinteresse
- vom Thema abweichen, z.B. mit Wetterprognosen, Urlaubsberichten oder den Fußballergebnissen vom Wochenende

Die besten **To-dos**:
- offene Fragen zu Beginn, um nicht in die Ja-Nein-Falle zu tappen
- konzentriert zuhören
- individuelle Aussagen treffen
- Gesprächspausen machen
- Fachbegriffe erklären
- Alleinstellungsmerkmale aufzeigen
- Selbstsicherheit ausstrahlen
- Aufmerksamkeit
- beim Thema bleiben

PRAXIS: Übung 23

Kevins Ausbildungsbetrieb, die *Lila Lounge GmbH*, führt ein Mitarbeitercoaching zum Thema „Das erfolgreiche Verkaufsgespräch" durch. Dazu beobachtet ein Supervisor die Mitarbeiter und analysiert die Kundengespräche. Im Anschluss entwickelt er gemeinsam mit den Mitarbeitern eine Checkliste mit wichtigen/richtigen Verhaltensweisen während eines Verkaufsgesprächs.

Welche Punkte könnten auf der Checkliste stehen? Nenne mindestens 5.

Bedarf feststellen

Aktives Zuhören • Grundlagen Kommunikation: verbal, nonverbal, paraverbal

2. Fit im Vertrieb der Dienstleistungen und Produkte
2.3 Situation des Kunden analysieren

Prüfungstipp von Lea

Verbal – nonverbal – paraverbal

Verbal: drückt etwas in Wörtern aus

Nonverbal: drückt etwas in Mimik und Gestik aus

Paraverbal: unterstützt die Wirkung der Wörter durch den Ton, dazu gehören:

- Betonung
- Sprechpausen
- Deutlichkeit
- Sprachmelodie
- Tonfall
- Sprechtempo
- Lautstärke
- Tonhöhe
- Kadenzen

Mehr als Zuhören

Die Methode des aktiven Zuhörens ist bestens geeignet, um einer Sache auf den Grund zu gehen. Mit ihr lässt sich ein Kunde aus der Reserve locken, so dass er bereit ist, die Informationen preis zu geben, die ein Verkäufer benötigt, um ihm optimale Lösungen vorschlagen zu können. Er muss folgende Punkte beachten:

- dem Kunden die volle Aufmerksamkeit schenken
- mitdenken, nachfragen
- Unklarheiten klären
- paraphrasieren (Aussagen wiederholen) und verstehen
- sich in den Kunden hineinversetzen
- nicht werten und urteilen oder über den Kunden bestimmen
- den Kunden nicht unter Druck setzen
- ermuntern, weiterführen, Details benennen lassen
- den Kunden selber abwägen lassen
- Respekt und Wertschätzung vermitteln

Aktives Zuhören vermittelt dem Kunden den Eindruck eine freie Wahlmöglichkeit in seinem Denken und Handeln zu haben – und das ist positiv. Hat der Kunde das Gefühl, der Verkäufer will nur eigene Ansichten durchsetzen, nach dem Motto „Hauptsache verkaufen", löst das beim Verbraucher automatisch Skepsis aus. Aus Sicht des Kunden fühlt sich eine selbst gefundene Lösung befriedigender und vor allem richtig an.

Wenn ein Gespräch erfolgreich verlief, ist noch eine letzte Hürde zu nehmen: Die Bezahlung, bei der die Finanzierung eine immer größere Rolle spielt.

Finanzierung

Finanzierungsmöglichkeiten • Tilgung • Zinsformel

2. Fit im Vertrieb der Dienstleistungen und Produkte
2.3 Situation des Kunden analysieren

Kauf auf Raten

Für zahlreiche Kunden erweist sich eine Finanzierung, wie sie viele Unternehmen anbieten, als verführerisch. So können sie sich ein Produkt leisten, obwohl sie zum Zeitpunkt des Kaufs nicht über ausreichend Geld verfügen. Ihnen muss jedoch klar sein, dass sie sich die zukünftig monatlich anfallenden Raten auch leisten können. Aber nicht jedes Unternehmen bietet eine Finanzierung ohne Zinsbelastung an, häufig ist ein bestimmter Zinssatz zu zahlen. Hinzu kommt die eigentliche Rückzahlung, die **Tilgung**. Eine niedrige Tilgung bringt eine lange Laufzeit mit sich, eine hohe Tilgung verkürzt die Laufzeit. Die monatlich zu zahlende Rate setzt sich also aus Zinsen und Tilgung zusammen.

Festzinsen: Hierbei ist ein Zinssatz für die gesamte Laufzeit des Kredits festgesetzt. Die Raten bleiben immer gleich.
Zeitweise Zinsbindung: Der Zins ist für eine bestimmte Dauer festgelegt. Nach Ablauf dieser Zeit kann der Kreditgeber ihn neu bestimmen.
Variable Zinsen: Diese passen sich dem allgemeinen Zinsniveau an und können mit diesem sowohl sinken als auch steigen.

Nutzen für den Berufsalltag

Zinsformel umstellen:

1. Die **Zeit** ist die Unbekannte $t = \dfrac{Z \cdot 100 \cdot 360}{K \cdot p}$

2. Das **Kapital** ist die Unbekannte $K = \dfrac{Z \cdot 100 \cdot 360}{p \cdot t}$

3. Der **Prozentsatz** ist die Unbekannte $p = \dfrac{Z \cdot 100 \cdot 360}{K \cdot t}$

Prüfungstipp von Hannah

Allgemeine Zinsformel

Für die Zinsrechnung musst Du die allgemeine Zinsformel kennen.

$$Z = \dfrac{K \cdot p \cdot t}{100 \cdot 360}$$

K = Kapital
p = Prozentsatz
t = Zeit
Z = Zinsen

Finanzierung

Flexibler Kredit • Risiko

Kundenfang mit Kreditangeboten

Beim Kauf eines Autos ist die Finanzierung schon lange üblich. Auch in anderen Bereichen wird sie immer präsenter. Ob beim Kauf eines Computers, einer neuen Waschmaschine oder eines Kleiderschranks – die Kunden warten nicht, bis sie das nötige Geld gespart haben, sie wünschen sich das Produkt sofort und zahlen in Raten, manchmal mit, manchmal ohne Zinsen. So lassen sich Kunden gewinnen, die das Geschäft sonst wieder verlassen hätten ohne etwas zu kaufen.

Bei einem Ratenkauf bleibt die fällige Summe bis auf eine Ausnahme, dem **flexiblen Kredit**, jeden Monat gleich. Ein flexibler Kredit richtet sich nach dem Zahlungstempo des Kunden. Dieser kann jeden Monat neu entscheiden, wie viel er bezahlen möchte.

Unternehmen arbeiten mit der eigenen Hausbank zusammen, mit Kreditinstituten, die sich auf Finanzierungen spezialisiert haben, wie die Santander Consumer Bank, die Commerz Finanz GmbH, oder mit externen Finanzdienstleitern, wie beispielsweise Paypal, Klarna oder Billsafe.

Risiko

Auf der einen Seite vergrößert ein Unternehmen mit der Möglichkeit zur Finanzierung den Kreis seiner potentiellen Kunden. Auf der anderen Seite sind mit diesem Service auch Nachteile verbunden. Wenn ein Unternehmen den Kauf auf Raten anbietet, muss es sich über die Kehrseite bewusst sein. Manchmal überschätzen Kunden sich und können die Raten nicht bezahlen.

Der Kunde muss sich bewusstmachen, dass ein Finanzierungsangebot oft nett klingt, das Produkt sich am Ende aber erheblich verteuert, da die Zinsen obendrauf kommen.

Finanzierung
Bonitätsprüfung

Bonität der Kundschaft prüfen

Zahlungsfähigkeit: Ein zukünftiger Abnehmer hat ein Angebot angenommen, aber kann er auch bezahlen? Das lässt sich mit einer Bonitätsprüfung herausfinden.

Hinweis: Ohne *berechtigtes Interesse* darf eine Bonitätsprüfung nicht durchgeführt werden.

Die Möglichkeiten:

1. Zunächst können eigene Unternehmensdaten aus der Kundendatenbank eingesehen werden.
2. Das Unternehmen holt im Rahmen der Geschäftsverbindung und mit der Erlaubnis des Kunden eine Bankauskunft ein.
3. Das Unternehmen fragt die Bonität bei der Schufa ab. Voraussetzung ist hierbei eine Mitgliedschaft sowie das Einverständnis des Kunden. Stichwort Schufa-Klausel.
4. Auskunfteien und Internet-Auskunfteien: Eventuell ist eine Mitgliedschaft nötig und für einzelne Abfragen fallen Gebühren an (z.B. Verband der Vereine Creditreform e.V. oder Dun & Bradstreet Inc.)
5. Es existiert eine Kooperation mit einer Consumer-Bank, bei der die nötige Abfrage online erfolgt.

Ablehnung einer Finanzierungsanfrage

Manchmal ist das Ergebnis einer Finanzierungsanfrage negativ, die Bank lehnt ab. Dafür können verschiedene Gründe vorliegen: Schufa Einträge, zu geringes Einkommen, bereits laufende Kredite, unsichere Jobsituation (Probezeit, ungefestigte Selbständigkeit, kein unbefristeter Arbeitsvertrag), laufende Inkassoverfahren oder ein über sein Limit hinaus erschöpfter Dispokredit.

Nutzen für den Berufsalltag

Die Schufa hält 943 Millionen Einzeldaten zu 67,7 Millionen Personen bereit (Quelle: Schufa). Diese werden mithilfe eines Scoringverfahrens bewertet, um einen Kunden einzuschätzen. Es ist zum Beispiel eine Aussage darüber möglich, ob die Wahrscheinlichkeit eines Zahlungsausfalls besteht. Laut Schufa erteilt der Informationsdienstleister täglich 450.000 Unternehmen Auskünfte.

Finanzierung
Kundenkredit

Anzahlung – Teilzahlung – Vorleistung

Die vertrags**typischen** Pflichten bei einem Kauf lauten laut BGB, § 433, 1 und 2:

1. *Durch den Kaufvertrag wird der Verkäufer einer Sache verpflichtet, dem Käufer die Sache zu übergeben und das Eigentum an der Sache zu verschaffen. [...]*
2. *Der Käufer ist verpflichtet, dem Verkäufer den vereinbarten Kaufpreis zu zahlen und die gekaufte Sache abzunehmen.*

Das bedeutet: Der Verkäufer händigt die Ware aus, im selben Zug übergibt der Kunde das Geld.

Gelten Zahlungsbedingungen, die den Abnehmer von der sofortigen Zahlungspflicht befreien, liegen jedoch **untypische** Fälle vor, und zwar, wenn der Kunde eine Anzahlung macht, eine Teilzahlung leistet oder in Vorleistung tritt.
Dann ist ein **Kundenkredit**, auch Abnehmerkredit oder auf Englisch „customer credit" genannt, entstanden.

Kundengerechte Lösungsvorschläge entwickeln

Mündliches Angebot • Grundlagen Briefaufbau

Das mündliche Angebot

Am Telefon oder im Geschäft muss ein Käufer schnell reagieren und einem Kunden im direkten Gespräch ein Angebot unterbreiten können. Mithilfe der Handelsspanne kann er schnell berechnen, ob er beim Preis Spielraum hat. Zudem muss er möglicherweise Liefer- oder Entsorgungskosten hinzuaddieren. Ein mündlicher Antrag gilt nur für die Dauer des Gesprächs und ist sofort anzunehmen.

Das schriftliche Angebot

Erreicht das Angebot den Interessenten auf schriftlichem Weg, fällt die Gültigkeitsdauer etwas länger aus, da der Postweg und eine angemessene Reaktionszeit berücksichtigt werden.

Hier einige Formulierungen, um in ein Angebotsschreiben einzusteigen:

- *Wie versprochen erhalten Sie hier mein Angebot für...*
- *Vielen Dank, dass Sie auf unsere Kompetenz vertrauen. Wir können Ihnen folgendes Angebot machen...*
- *Wir freuen uns, dass Sie von der Qualität unserer Produkte überzeugt sind und unterbreiten Ihnen folgendes Angebot...*
- *Vielen Dank für das in uns gesetzte Vertrauen. Gerne unterbreiten wir Ihnen nachstehendes Angebot.*
- *Wir bedanken uns für Ihr Interesse und möchten Ihnen folgendes Angebot machen.*
- *Die von Ihnen gewünschten Produkte können wir Ihnen zu folgenden Konditionen anbieten.*
- *Ihrem Wunsch gemäß bieten wir Ihnen das Produkt/die Produkte wie folgt an:*
- *Bezüglich Ihrer Anfrage vom (z.B.) 23.04.20... unterbreiten wir Ihnen folgendes Angebot:*

Schriftliches Angebot

Grundlagen Briefaufbau • PRAXIS

Nach allen Regeln der Kunst

Schriftliche Angebote zählen zur Geschäftskorrespondenz, die nach allen Regeln der DIN 5008-Kunst zu schreiben und anschließend als Briefe und E-Mails zu versenden sind. Wie jeder andere Brief muss ein Angebot folgende Bestandteile enthalten:

- Briefkopf
- Adressfeld
- Bezugszeichenzeile
- Datum
- Kommunikationszeile
- Betreff
- Anrede
- Textaufbau und Inhalt
- Brief-Abschluss (Grußformel, Anlagen)
- Fußzeile mit gesellschaftsrechtlichen Angaben

Die Gestaltung des Schreibens mit Word:

1. neues Dokument bzw. eine Vorlage öffnen
2. unter Beachtung der Absätze nach DIN 5008 die Adresse eintragen
3. Anrede einfügen und das Angebot in kaufmännischer Ausdrucksweise aufsetzen
4. Anlagen angeben
5. Fußzeile mit allen vorgeschriebenen Angaben nicht vergessen
6. Dokument unter einem sinnvollen Dateinamen abspeichern

Vertragsabschlüsse

Kaufvertrag • Antrag und Annahme • Übereinstimmende Willenserklärung

2. Fit im Vertrieb der Dienstleistungen und Produkte
2.4 Verträge und Vertragsverhandlungen vorbereiten

Die Sache gilt

Hand drauf – die Sache ist fix: Genau so ist das Prinzip eines **Kaufvertrags** zu verstehen. Der Eine reicht die Hand als Zeichen eines Antrags, eine Sache kaufen zu wollen, der Andere schlägt zur Annahme ein. Exakt aus diesen zwei Handlungsschritten setzt sich das Zustandekommen eines gültigen Kaufvertrags zusammen: **Antrag und Annahme**. In diesem Moment entstehen zwei **übereinstimmende Willenserklärungen**. Dabei spielt es keine Rolle, ob dies mündlich oder schriftlich geschieht. Die Ausbildungsbetriebe von Lea, Kevin, Hannah und Emir gehen mit ihren Lieferanten allerdings auf Nummer sicher, hier gilt: Verträge immer schriftlich besiegeln!

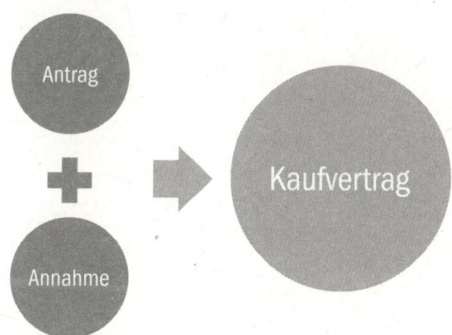

Inhalt des Kaufvertrags: Warenbezeichnung, Lieferbedingungen, Zahlungsbedingungen, Erfüllungsort, Gerichtsstand. Pflichten des Verkäufers: Übergabe der Kaufsache frei von Sach- und Rechtsmängeln. Pflichten des Käufers: Annahme, Zahlung des Kaufpreises.

Ein Kauf ist für beide Parteien verbindlich. Mit dem Abschluss geht eine Sache gegen Bezahlung in das Eigentum eines anderen über. Eine bloße Produkt- oder Preis<u>nachfrage</u> gilt im Übrigen noch <u>nicht</u> als rechtsverbindliche Willenserklärung.

Prüfungstipp von Lea

Mündliche Verträge

Ein mündlich oder aufgrund konkludenten Verhaltens geschlossener Vertrag ist genauso bindend wie ein schriftlicher Kaufvertrag. Kommt es jedoch zu einem Rechtsstreit und die Sache geht vor Gericht, steht Aussage gegen Aussage. Ein Zeuge ist dann Gold wert.

Vertragsabschlüsse

Finanzierungsvertrag B2C

Konsumentenvertrag

Wenn eine Bonitätsprüfung positiv ausgeht, kann der Abschluss des **Finanzierungsvertrags** erfolgen. Für Kevin ist das eine alltägliche Aufgabe, da immer wieder Kunden ihre neuen Möbel auf Raten, also in Teilzahlungen, kaufen. Kevin hat momentan Glück, er muss keine Zinsen berechnen, da die *Lila Longe GmbH* zurzeit eine Null-Prozent-Finanzierung offeriert. Das heißt, die Kunden zahlen lediglich die Tilgung für das Produkt ab. Für den Vertragsabschluss des Darlehens stehen Kevin Vorlagen zur Verfügung, in denen er die Kundendaten eintragen muss. Ein Finanzierungsvertrag enthält, ob mit oder ohne Zinsen, im Wesentlichen folgende Daten:

- Name, Vorname, Straße, Hausnummer, Postleitzahl, Geschäftssitz des Darlehensgebers
- Name, Vorname, Straße, Hausnummer, Postleitzahl, Wohnort des Darlehensnehmers
- Höhe des Darlehens, Zweck
- Laufzeit
- monatliche Tilgung, Endfälligkeit der Tilgung
- Fälligkeit der 1. Rate, monatlicher Zahltag der Tilgung (z.B. „...ist jeweils zum 3. Werktag eines jeden Monats zu zahlen.")
- Verzinsung in % p.a. (in Prozent pro Jahr); Zahlungsturnus der Zinsen
- Kontodaten des Darlehensnehmers: Kontoinhaber, IBAN, Bank, BIC
- Kontodaten des Darlehensgebers: Kontoinhaber, IBAN, Bank, BIC
- Verwendungszweck
- u.U. Sicherheiten
- Kündigungsbedingungen
- Schlussbestimmungen
- sonstige Vereinbarungen
- salvatorische Klausel
- Gerichtsstand
- Ort, Datum
- Unterschriften Darlehensgeber und Darlehensnehmer

Schließt ein Kunde in einem Geschäft einen Finanzierungsvertrag ab, ist auch die Rede von einem **Konsumentenkredit**. Für diesen sind meist weniger Voraussetzungen nötig als für Bankkredite, die etwa für Immobilienfinanzierungen abgeschlossen werden, da die Beträge deutlich niedriger liegen. Sowohl bei dem einen als auch bei dem anderen gilt ein Mindestalter von 18 Jahren.

Vertragsabschlüsse
Rechtliche Grundlagen • Schuldverhältnisse

2. Fit im Vertrieb der Dienstleistungen und Produkte
2.5 Erfüllung der Verträge überwachen

§ § §

Einer Kündigung eines Teilzahlungsdarlehens, wie einer Konsumentenfinanzierung, müssen laut BGB § 498 zwei Dinge zugrunde liegen:

Der Darlehensgeber kann den Verbraucherdarlehensvertrag bei einem Darlehen, das in Teilzahlungen zu tilgen ist, wegen Zahlungsverzugs des Darlehensnehmers nur dann kündigen, wenn

1. der Darlehensnehmer a) mit mindestens zwei aufeinander folgenden Teilzahlungen ganz oder teilweise in Verzug ist, b) bei einer Vertragslaufzeit bis zu drei Jahren mit mindestens 10 Prozent oder bei einer Vertragslaufzeit von mehr als drei Jahren mit mindestens 5 Prozent des Nennbetrags des Darlehens in Verzug ist und

2. der Darlehensgeber dem Darlehensnehmer erfolglos eine zweiwöchige Frist zur Zahlung des rückständigen Betrags mit der Erklärung gesetzt hat, dass er bei Nichtzahlung innerhalb der Frist die gesamte Restschuld verlange.

Der Darlehensgeber soll dem Darlehensnehmer spätestens mit der Fristsetzung ein Gespräch über die Möglichkeiten einer einverständlichen Regelung anbieten.

Prüfungstipp von Kevin

Schuldverhältnisse

<u>Holschuld</u>: Erfüllungsort ist der Wohn- oder Geschäftssitz des Schuldners; Gläubiger holt sich die Leistung beim Schuldner ab (gilt für Warenschulden)

<u>Bringschuld</u>: Erfüllungsort ist der Wohn- oder Geschäftssitz des Gläubigers; der Schuldner bringt die Leistung zum Gläubiger (gilt für Geldschulden)

<u>Schickschuld</u>: Erfüllungsort ist der Wohn- oder Geschäftssitz des Schuldners; dieser hat sich jedoch vertraglich verpflichtet, die Leistung an den Gläubiger zu schicken (gilt i. d. R. für Versendungskauf von Waren)

Abweichungen bei Vertragsabschlüssen

Restschuldversicherung • Zahlungsausfall

Vertrag ist Vertrag

Einen Kunden können vielfältige Schicksalsschläge treffen: Arbeitslosigkeit, Arbeitsunfähigkeit, Krankheit oder Tod. Manchmal bleibt die monatliche Rate auch einfach offen, ohne einen Grund zu erfahren. Ein Unternehmen kann also nicht zu 100 Prozent kalkulieren, ob es seine Zahlungen erhalten wird.

Im ersten Fall können die Vertragsparteien vorsorgen und das Risiko eines kompletten Zahlungsausfalls durch eine **Restschuldversicherung** absichern. Diese springt im Ernstfall ein und übernimmt die Tilgung der verbleibenden Restschuld.

Ohne Restschuldversicherung und im zweiten Fall, dem Ausfall einer Rate, setzt – so tragisch das Unglück des Kunden auch sein mag – der **Zahlungsverzug** ein.

Sind im Vertrag feste Tage („**kalendermäßig bestimmter Tag**") zur Zahlung vereinbart, gerät der Kunde automatisch mit Verstreichen dieses Datums in Verzug.

Ist die Zahlung nicht kalendermäßig bestimmt, gilt die **30-Tage-Regelung**: Der Schuldner gerät spätestens 30 Tage nach Zugang und Fälligkeit der Rechnung in Verzug. Ein Verbraucher muss vom Verkäufer auf diese Rechtsfolge hingewiesen werden; bei zweiseitigen Handelskäufen (= der Schuldner ist ein Unternehmen) entfällt diese Informationspflicht für den Verkäufer.

In beiden Fällen kann der Gläubiger zusätzlich zum fälligen Rechnungsbetrag sog. **Verzugszinsen** vom Schuldner verlangen (§ 288 BGB). Auch hier ist wieder zu unterscheiden, ob es sich beim Schuldner um einen Verbraucher (Privatperson) oder ein Unternehmen (Kaufmann) handelt. Für Verbraucher dürfen 5 Prozentpunkte über dem Basiszinssatz berechnet werden, für Unternehmen 9 Prozentpunkte über dem Basiszinssatz. Der Basiszinssatz ändert sich i. d. R. halbjährlich, er liegt aktuell bei 3,37 % (Stand ab 01.07.2024). Für Verbraucher dürften also zurzeit 8,37 % (= 3,37 + 5) Verzugszinsen angesetzt werden, für Unternehmen entsprechend 12,37 % (3,37 + 9).

Maßnahmen einleiten bei Nichterfüllung eines Kaufvertrags
Mahnstufen

2. Fit im Vertrieb der Dienstleistungen und Produkte
2.5 Erfüllung der Verträge überwachen

Mahnung

Lässt ein Kunde eine Zahlungsfrist verstreichen ohne seine Pflicht zu erfüllen, den Kaufpreis zu zahlen, kann ein Unternehmer die Mahnstufen beschreiten. Manchmal erweist es sich als hilfreich, zunächst den persönlichen Kontakt zum Kunden aufzunehmen, um die Angelegenheit zu klären, manchmal aber auch nicht. Dann sind drei Mahnungen üblich:

Zunächst eine Zahlungserinnerung, die freundlich an die ausgebliebene Zahlung erinnert. Darauf folgt etwa zwei Wochen später eine ausdrückliche Aufforderung zur Zahlung, die innerhalb einer Frist zu erfolgen hat. Schließlich ist ein drittes Schreiben aufzusetzen, das unmissverständlich mit einer letzten Fristsetzung die Zahlung ein letztes Mal einfordert.

Bleiben alle Mühen ohne Erfolg, ist ein gerichtliches Mahnverfahren beim zentralen Mahngericht zu beantragen, um eine Vollstreckung zu bewirken.

Solch ein Ende mit Schrecken kommt zum Glück selten vor.

Nun geht es noch einmal ganz an den Anfang einer Geschäftsbeziehung, an den Zeitpunkt, an dem sich alles um den möglichen Kauf dreht und ein Kunde an das Unternehmen gebunden werden soll.

3. Fit in der Kundenbetreuung und Kundenbindung
3.1 Kundenbeziehungen unter betrieblichen Vorgaben

Einleitung

Sie sind ein Schatz

Der Weg zu den wahren Wünschen eines Kunden ist manchmal kurvig und holprig. Er schlängelt sich über hohe Berge und durch undurchdringliche Wälder, ein Weg der kaum bezwingbar ist. Aber am Ende wartet ein wertvoller Schatz: Der Kauf. Eine Marketingabteilung, die die Schatzkarte entschlüsselt und die Techniken der Kundengewinnung beherrscht, wird für die Anstrengung reich belohnt. Nun brauchen die Mitarbeiter einer Firma vier Fähigkeiten, um den Kunden an sich zu binden:

3.1 Kundenbeziehungen unter Berücksichtigung betrieblicher Vorgaben gestalten

3.2 Maßnahmen der Kundenbindung und Kundenbetreuung umsetzen

3.3 Beschwerden entgegennehmen und Maßnahmen des Beschwerdemanagements umsetzen

3.4 Kundenzufriedenheit ermitteln, Maßnahmen vorschlagen

Neu gewonnene Kunden lassen sich in Stammkunden verwandeln. Ein bestehendes Verhältnis zu einem Kunden bedeutet weniger Mühe als die Neukundengewinnung und fremde Schatzsucher im Gewand anderer Unternehmen haben es zudem umso schwerer diesen einmal geschlossenen Pakt zu stören.

Aber Vorsicht: Sobald die Produkte nicht mehr den Wünschen entsprechen, der Service nachlässt oder das Preis-Leistungs-Verhältnis nicht mehr stimmt, ist der Partner weg. Eine erneute Gewinnung seiner Gunst geht mit einem erheblichen Aufwand an Zeit, Kosten und Informationen einher. Stetige und frühzeitige Kundenpflege ist demzufolge eine der Hauptaufgaben eines erfolgreichen Unternehmens.

Gestaltung
B2B, B2C, B2A • Kundenwert • Kundenanalyse

3. Fit im Vertrieb der Dienstleistungen und Produkte
3.1 Kundenbeziehungen unter betrieblichen Vorgaben

Kunden langfristig binden

Kunden **gewinnen**, Kunden **binden**, Kunden **pflegen** – darum geht es beim Thema Kundenbeziehungen. Und im Notfall kommt die Kundenrückgewinnung hinzu.

Kunden, oder auch Nachfrager, können Konsumenten, andere Geschäftsleute oder öffentliche Organisationen sein. Die Bezeichnungen sind: B2B, B2C, B2A.

B2B: Business to Business = Geschäftsbeziehung zwischen Unternehmern
B2C: Business to Customer = Geschäftsbeziehung zwischen Unternehmen und Konsumenten, bzw. Privatpersonen
B2A: Business to Administration = Geschäftsbeziehung zwischen Unternehmen und öffentlicher Organisation

Ein **wertvoller Kunde**:

- steigert die Rentabilität,
- verhandelt den Preis nicht, oder nur wenig,
- ist ein dauerhafter, verlässlicher Partner,
- spricht Empfehlungen aus.

Deshalb spielt die **Kundenanalyse** eine wesentliche Rolle. Erstens, um zu klären, welche potentiellen Kunden angelockt werden sollen, zweitens, um zu trennen, welche Kunden wirklich relevant sind, drittens, um herauszufinden, wie sie sich an das Unternehmen binden lassen. Mit Kundenbindung ist gemeint, einen Kunden zum Wiederholungskäufer zu machen.

Kundenbindung verläuft über das Produkt, den Preis, den Vertriebsweg, die Kommunikation, Events oder Werbung und die Persönlichkeit des Ansprechpartners. Häufig beginnt alles mit einem guten Beratungsgespräch.

Prüfungstipp von Emir

Integrierte Kommunikation bedeutet, dass die gesamte Unternehmenskommunikation aufeinander abgestimmt ist.

Above-the-line bedeutet über der Linie: Klassische Maßnahmen, wie Werbung in Zeitungen und Zeitschriften, im Radio, im TV, im Kino oder als Außenwerbung.

Below-the-line bedeutet unter der Linie: Direkt, persönlich, zielgruppenspezifisch, wie Direktmarketing, Events oder Verkaufsförderung.

3. Fit in der Kundenbetreuung und Kundenbindung
3.1 Kundenbeziehungen unter betrieblichen Vorgaben

Gestaltung
Gesprächsführung • Argumentationstechniken • Fragetechniken

Prüfungstipp von Kevin

Argumentationstechniken
Einwandsvorwegnahme
Einwandsumkehr
Relativierung
Polarisierung

Fragekategorien
- offene Fragen (z.B. W-Fragen),
- geschlossene Fragen (ja oder nein als Antwortmöglichkeit)
- skalierte Fragen (Abstufungsmöglichkeit, z.B. sehr gut – gut – weniger gut – nicht gut; oder nach einem Punktesystem)

Frageformen (eine Auswahl)
Entscheidungsfragen
Suggestivfragen
Kontrollfragen
Gegenfragen
Alternativfragen
Initialfragen
Motivfragen
Suggestivfragen

Der Kunde im Mittelpunkt

Mit der CI hat jedes Unternehmen einen Rahmen abgesteckt, in dem ein Verkaufsgespräch stattfindet. Unter dieser Vorgabe muss ein Verkäufer fortlaufend zwischen dem unternehmerischen Interesse und dem Bedürfnis des Kunden abwägen.

Kunden<u>beziehung</u>, diesen Begriff sollte der Verkäufer wörtlich nehmen und den Kunden als einen guten Freund betrachten – nur auf Zeit. Als Anbieter hat er nur wenige Momente, um das Vertrauen, die Loyalität und die Zuverlässigkeit des Gegenübers zu gewinnen. Sein Charisma ist der Bonuspunkt, an dem sich entscheidet, ob ein Interessent bleibt. Denn dieser handelt und entscheidet oft nicht allein aufgrund eines günstigen Preises, eines tollen Produkts oder einer knalligen Werbung, sondern, weil er sich wohl fühlt.

Deshalb ist im Kundengespräch professionelles Handwerkszeug aus der Kommunikation hilfreich, wie das aktive Zuhören (vgl. Kap. 2.3), der Einsatz von Argumentationstechniken oder Fragetechniken (vgl. nebenstehender Kasten) und das im folgenden erläuterte 4-Ohren-Modell.

Nutzen für den Berufsalltag

BAR bringt Bares: Eine einfache Kommunikationsregel für ein gelungenes Gespräch ist die BAR-Regel:

B steht für beteiligen,

A steht für Anteil nehmen,

R steht für respektieren.

Gestaltung
4-Ohren-Modell • Reaktanz

Mehr als ein Gespräch

Wenn ein Verkäufer sich der verschiedenen Ebenen der Kommunikation bewusst ist, kann er den Eindruck, den er macht, gekonnt steuern. Die unterschiedlichen Schwingungen beschreibt die allgemeine Psychologie im **4-Ohren-Modell** (von Friedemann Schulz von Thun).

Ohr 1: Selbstoffenbarung:
Wer ist der andere? Was ist mit ihm los?

Ohr 2: Sachverhalt:
Um welchen Inhalt geht es?

Ohr 3: Beziehung:
In welchem Verhältnis stehen die Gesprächspartner zueinander?

Ohr 4: Appell:
Welche Aufforderung steckt hinter der Mitteilung?

Darüber hinaus ist die verbale, nonverbale und paraverbale Kommunikation anzuwenden und zu kontrollieren.

Verbal (Worte)   Wortwahl
Nonverbal (Körper) Mimik, Gestik
Paraverbal (Stimme) Tonfall (u.a. Sprechtempo, Lautstärke, Tonhöhe, Betonung, Sprechpausen, Deutlichkeit, Melodie)

Weiterhin ist **Reaktanz** zu vermeiden: Der Begriff Reaktanz entstammt der Psychologie und beschreibt einen innerlich aufkeimenden Widerstand als Reaktion auf eine Bestimmung, eine Einschränkung oder einen Vorwurf. Im Verkaufsgespräch könnte der Verkäufer den möglichen Käufer in seiner Wahlfreiheit einschränken. Durchschaut der Kunde den Plan, fühlt er sich negativ beeinflusst und wendet sich ab. Besser auf Anteilnahme setzen!

Gestaltung
Argumentationsarten

Immer ein gutes Argument

Überzeugungskraft liegt zum einen in der Kommunikationsstärke, zum anderen in guten Argumenten. Ein gutes Argument ist ein passendes Argument. Ein Kunde, der Laie ist, kann beispielsweise mit extrem sachlichen Erläuterungen schnell überfordert sein, während dies bei einem Produktexperten genau die richtige Taktik ist. Gleiches gilt für ein Produkt: Ein Luxusartikel ist mit emotionalen Empfindungen behaftet, eine Waschmaschine dagegen mit rationalen Fakten. Es gilt flexibel abzuwägen, welche Art an Argument für welches Produkt und für welchen Kunden geeignet ist.

Die Argumentationsarten:

Faktisch:	Das Argument ist belegbar, nachzuweisen, eine Aussage über eine Tatsache.
Normativ:	Die Aussage beinhaltet eine Verstärkung durch verbreitete Wertmaßstäbe oder allgemein gültige Normen.
Indirektes Argument:	Damit ist die eigene Position zu stärken, indem das Gegenargument entkräftet wird.
Autoritätsbasierend:	Eine Autorität wird herangezogen, Institute oder bekannte Experten.
Analogisierend:	Ein Vergleich aus einem anderen Lebensbereich wird herangezogen.
Rational:	Die Argumentation ist logisch, statistisch belegbar, auf Gesetzen oder Zahlen beruhend.
Plausibel:	Die Belege sind besonders nachvollziehbar, auf Tradition oder Erfahrungen basierend.
Moralisch:	Argumente dieser Art beruhen auf Gerechtigkeit, zwischenmenschlicher Moral oder Verpflichtungen.
Emotional:	Die Überzeugungsversuche sprechen Wünsche, Gefühle, Vorurteile, den Status oder das Geltungsbedürfnis an.

Gestaltung
Argumentationsarten

3. **Fit im Vertrieb der Dienstleistungen und Produkte**
3.1 Kundenbeziehungen unter betrieblichen Vorgaben

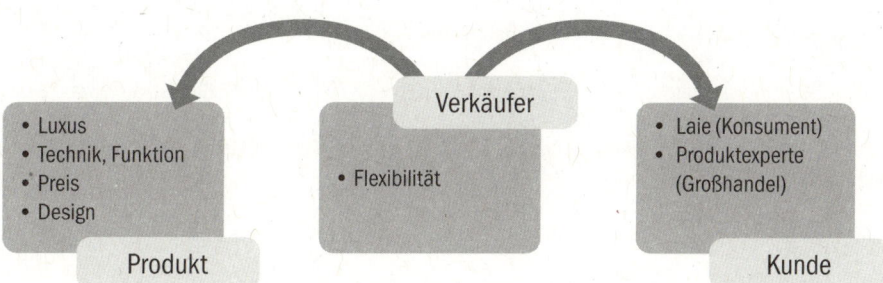

- Luxus
- Technik, Funktion
- Preis
- Design

Produkt

- Flexibilität

Verkäufer

- Laie (Konsument)
- Produktexperte (Großhandel)

Kunde

Nutzen für den Berufsalltag

Argumente, die sich auf die **Umwelt** beziehen, werden immer wichtiger. Umweltfreundlichkeit, Fair Trade (= fairer Handel) und Gesundheitsbewusstsein können schlagkräftige Gründe beinhalten, die umweltbewusste Kunden von einem Unternehmen und/oder dessen Produkten überzeugen.

3. Fit in der Kundenbetreuung und Kundenbindung
3.1 Kundenbeziehungen unter betrieblichen Vorgaben

Kundenwert
ABC-Analyse • Bestandskunden • Neukunden

Wichtig oder nichtig?

Second Sight Ltd, der Ausbildungsbetrieb von Emir, sieht das so: Wenn 20 Prozent aller Kunden 80 Prozent des gesamten Umsatzes bringen, dann sind diese Kunden als A-Kunden zu betrachten: Sie sind wichtig! Sie werden von einem relativ großen Marketingaufwand eingekreist. Und als i-Tüpfelchen vom Key Account Manager höchstpersönlich betreut. B-Kunden sind als mittelstark eingestuft und C-Kunden als wenig wichtig.

Was könnte passieren, wenn ein Unternehmen die ABC-Analyse als wenig wichtig betrachtet und sie nicht anwendet?

1. zu hohe Ausgaben für C-Kunden
2. zu wenig Mühe, aus B-Kunden A-Kunden zu machen
3. zu wenig Extraservice für die Schlüsselfiguren, die A-Kunden

Ein hoher Aufwand für C-Kunden steht häufig nicht im Verhältnis zu dem relativ geringen Umsatz, den sie bringen. Sie verursachen jedoch aufgrund ihrer hohen Anzahl einen enormen Aufwand in der Bearbeitung und Logistik. Dies gilt es zu minimieren.

Zu maximieren sind hingegen die Bemühungen um die B-Kunden, um sie in A-Kunden zu verwandeln.

ABC-Kunden sind **Bestandskunden**, also bestehende Kunden, die schon einmal etwas gekauft haben und nun einen Bestandteil der Kundendatenbank bilden, wo ihre Daten mit ihrer Einwilligung und nach Grundsätzen der DSGVO gespeichert sind. Darüber hinaus gibt es unzählige **Neukunden**, potenzielle Käufer, zu denen noch eine Beziehung aufgebaut werden muss, zum Beispiel über neue Vertriebskanäle oder mithilfe von Lockangeboten. Im Zusammenhang mit der Neukundengewinnung wird beispielsweise oft mit Neukundenrabatten geworben.

Prüfungstipp von Emir

Nachteile der ABC-Analyse

- Sie ist einfach gehalten und beschränkt sich auf wenige Faktoren.
- Es erfolgt keine Differenzierung innerhalb der Klassen.
- Spezielle Kunden sind nicht berücksichtigt. Ein C-Kunde kann z.B. ein potenzieller Stammkunde sein und wäre damit falsch einsortiert.
- Sie trifft keine Aussage über eine Entwicklung, sondern bildet nur einen Zustand ab.

Kundenservice
Kundenbetreuung • Service • Information

3. Fit in der Kundenbetreuung und Kundenbindung
3.2 Maßnahmen umsetzen

In Watte gepackt

Mit Blick auf die Serviceleistungen der Unternehmen scheint es, als bewegten die Kunden sich durch weiche Wattewölkchen hindurch. Vom freundlichen und ausführlichen Beratungsgespräch bis zur selbstverständlichen Annahme einer Rückgabe aufgrund einer Umtauschmöglichkeit – als wichtigstes Kapital einer florierenden Firma profitieren die Kunden von zahlreichen Serviceleistungen:

- fachliche Beratung
- Informationen über soziale Netzwerke
- Bestellung über verschiedene Kanäle möglich (Telefon, Internet etc.)
- mehrere Zahlungsmöglichkeiten; Finanzierung (bzw. Raten- oder Teilkauf)
- Newsletter
- Qualitätskontrollen
- Aufmaß und Montage
- Handwerkervermittlung
- Ersatzteilservice
- Planungen, z.B. für Bad oder Küche
- Mustervergabe
- Tiefpreis-Garantie
- Umtauschmöglichkeit aus Kulanz
- Garantieverlängerung
- Änderungsservice, z.B. Hosen kürzen
- Kinderecke
- Getränkestation

Prüfungstipp von Kevin

After-Sales-Management
- Lieferservice
- verschiedene Lieferoptionen, z.B. Trageservice, Anhänger- oder Transporter-Vermietung
- Wartung
- Reparatur
- Aufbau und Montage
- u.U. Umtausch
- Reklamationsbearbeitung

3. Fit in der Kundenbetreuung und Kundenbindung
3.2 Maßnahmen umsetzen

Kundenservice
Kundenbindungsinstrumente · Kundenlebenszyklus

V.I.P.

Alle Kundenbindungsinstrumente haben eins gemeinsam: Sie geben dem Kunden das Gefühl, dass er etwas Besonderes ist. Er wird behandelt, als sei er ein V.I.P., eine besonders wichtige Person, und nicht einer von vielen. Diesen Status besitzt er während des gesamten Kundenlebenszyklus, in dem er ein aktueller und aktiver Kunde ist. In allen Phasen wirken Maßnahmen des Kundenbindungsmanagements. Phase 1 setzt mit dem ersten Kauf ein und das Neukundenmanagement startet, Phase 2 beinhaltet das Zufriedenheitsmanagement, Phase 3 das Beschwerdemanagement und Phase 4 die Kündigungsprävention. Und zwischendurch lauern immer wieder Gefahren.

Prüfungstipp von Lea

Die **Kundenbindungsinstrumente**, von denen ein V.I.P profitiert:

- Rabattaktionen
- Coupons
- Ausgabe von Produktproben
- Freundschaftswerbung
- Kundenkarten
- Clubs
- Gutscheine für den nächsten Einkauf
- Probieren von Produkten, z.B. Käse
- Ein Getränk oder den Nachtisch auf das Haus (im Restaurant)
- besondere Benachrichtigung vor einem Ausverkauf

Kundenservice
Kundenloyalität

Die Treue halten

Damit ein Interessent **kauft**, **zufrieden ist**, **wiederkauft** und **weiterempfiehlt**, kämpfen Unternehmen um die Loyalität (= Verbundenheit) des Kunden (engl. *customer loyalty*). Kundenloyalität setzt sich aus Kundenzufriedenheit und Kundenbindung gleichermaßen zusammen. Wäre ein Kunde durch einen Wartungsvertrag zwar an ein Unternehmen gebunden, aber unzufrieden mit der Leistung, ergäbe sich daraus keine Loyalität.

Auf Internetebene ist an Kundenloyalität die Leadgenerierung gekoppelt, die Umwandlung des Leads in einen Kunden, der zufriedengestellt ist und zum Stammkunden wird.

Kundenservice
Kundenbindungsarten

Arten der Kundenbindung

Kundenbindung verläuft über das Produkt, den Preis, die Kommunikation und den Vertrieb. Rabattaktionen und andere als Lockmittel eingesetzte Anreize sollen einen Kunden, der schon einmal da ist, dazu bewegen, einem Unternehmen treu zu bleiben. Auch verbindliche Terminzusagen und zuverlässige Projektabwicklung zählen dazu.

Die Art der Bindung kann unterschiedlich aussehen:

1. vertraglich
2. faktisch, ökonomisch
3. technisch-funktional
4. psychologisch

Kundenservice
Kundenbindungsarten

3. Fit in der Kundenbetreuung und Kundenbindung
3.2 Maßnahmen umsetzen

Aus Kundensicht

Der Kunde hat seine ganz eigene Sicht auf den Service eines Unternehmens. Er beurteilt den ersten Eindruck des Geschäfts, das Erscheinungsbild der Mitarbeiter, ihre Kompetenz, Freundlichkeit und Kommunikationsstärke. Der Kunde sieht und erlebt:

1. Entfernung bzw. Erreichbarkeit, Parkplätze
2. Verkaufsraum oder Internetpräsenz und Erscheinungsbild der Verkaufsmitarbeiter
3. Fachkompetenz und korrekte Beratung
4. Verlässlichkeit der Werbeaussagen
5. Empathie
6. Rabatte
7. Hilfe bei der Lösung eines Problems

Zwischen Erwartung und Erfüllung der Anforderung können sich an vielen Stellen Missverhältnisse herausbilden. Um genau diese Lücken in der Servicequalität zu entdecken, kann sich ein Unternehmen des Gap-Modells (vgl. Kap. 3.4) bedienen.

Beschwerden entgegennehmen
Beschwerdegründe

"Please hold the line"

Als Emir vor einiger Zeit einen großen Zulieferer für Hardware erreichen wollte, um eine gerade gekaufte defekte Festplatte zu reklamieren, musste er sich eine halbe Stunde lang mit einer Ansage vom Band begnügen, um dann aus der Leitung gekickt zu werden. Am nächsten Tag der zweite Versuch, vergeblich. Ärger? – Nein danke! scheint hier das Unternehmensmotto des Lieferanten zu sein.

Hauptziel des Beschwerdemanagements sollte genau das Gegenteil sein. Nur wer Beschwerden annimmt und ernst nimmt, kann sich verbessern. Ein verärgerter Kunde ist nicht als Feind zu betrachten, sondern als Freund, der hilft, besser zu werden.

Als erstes braucht der Kunde eine erreichbare Anlaufstelle, um sich überhaupt beschweren zu können, das heißt, der Weg zu einem Mitarbeiter muss frei sein, über eine Hotline, per E-Mail oder Fax. Und dann muss seine Stimmung vom Negativen ins Positive umschlagen, so dass er das Geschäft in guter Erinnerung behält.

Mögliche Gründe für Beschwerden:

- mangelhafte Ware ⇨ Reklamation
- Nicht-Rechtzeitig-Lieferung und Nicht-Lieferung
- fehlerhafte Rechnungsstellung
- Unzufriedenheit, obwohl die Ware einwandfrei ist

Ist die Ware mangelhaft, erfolgt eine Schlechtlieferung oder setzt Lieferverzug ein, liegen Verstöße gegen das Gewährleistungsrecht vor.

Beschwerden entgegennehmen

Mängelrüge • Reklamation • Offener Mangel • Versteckter Mangel

3. Fit in der Kundenbetreuung und Kundenbindung
3.3 Beschwerdemanagement

Mangelhafte Ware ⇨ Reklamation

Das Gewährleistungsrecht legt fest, dass eine Ware beim Kauf keinen Mangel aufweisen darf. Hierfür gilt das BGB, §§ 433, 434. Die wichtigsten Aussagen lauten:

- *Der Verkäufer hat dem Käufer die Sache frei von Sach- und Rechtsmängeln zu verschaffen.*
- *Über die vereinbarte Beschaffenheit hinaus hat die Sache objektiven, branchenüblichen Anforderungen zu genügen. Dazu zählen auch Montageanforderungen. (Neuer Sachmangelbegriff nach aktualisiertem Kaufrecht, gültig für Verträge ab 1. Januar 2022)*
- *Die Sache ist frei von Sachmängeln, wenn sie bei Gefahrübergang die vereinbarte Beschaffenheit hat.*
- *[...] wenn sie [die Sache] sich für die nach dem Vertrag vorausgesetzte Verwendung eignet*
- *[...] wenn sie sich für die gewöhnliche Verwendung eignet und eine Beschaffenheit aufweist, die bei Sachen der gleichen Art üblich ist und die der Käufer nach der Art der Sache erwarten kann.*
- *Zu der Beschaffenheit [...] gehören auch Eigenschaften, die der Käufer nach den öffentlichen Äußerungen des Verkäufers, des Herstellers [...] insbesondere in der Werbung oder bei der Kennzeichnung über bestimmte Eigenschaften der Sache erwarten kann.*
- *Ein Sachmangel ist auch dann gegeben, wenn die vereinbarte Montage durch den Verkäufer oder dessen Erfüllungsgehilfen unsachgemäß durchgeführt worden ist.*
- *Nach der Reform des Kaufrechts, mit Gültigkeit vom 1. Januar 2022 an, ergibt sich eine Neuerung für B-Ware oder Ausstellungsstücke: Der Kunde muss „eigens" über den Mangel informiert werden und die Abweichung, etwa ein Kratzer, eine Gebrauchsspur o.ä., ist zu dokumentieren. Geschieht dies nicht, kann der Kunde für die Ware einen Sachmangel anzeigen, da die Ware offiziell als mangelhaft gilt.*

3. Fit in der Kundenbetreuung und Kundenbindung
3.3 Beschwerdemanagement

Beschwerden entgegennehmen

Mängelrüge • Reklamation • Offener Mangel • Versteckter Mangel

Mangelhafte Ware ⇨ Reklamation

- *Einem Sachmangel steht es gleich, wenn der Verkäufer eine andere Sache oder eine zu geringe Menge liefert.*
- *Bei Waren mit digitalen Elementen liegt ein Sachmangel auch vor, wenn der Verkäufer nötige Updates nicht bereitstellt. Ihm obliegt nämlich (seit 1. Januar 2022) eine Aktualisierungspflicht. Die Dauer hängt von Faktoren wie Produkteigenschaft, Werbeversprechen oder der üblichen Nutzungsdauer ab.*

Für Unternehmen ist im zweiseitigen Handelskauf die Art des Mangels von Bedeutung.

Offener Mangel	Versteckter Mangel
• sichtbare Schäden bei Erhalt der Ware • wenn sofort erkennbar ist, dass die Ware nicht zum bestimmungsgemäßen Gebrauch geeignet ist	• Schäden, die bei Erhalt der Ware NICHT sichtbar sind • wenn Eigenschaften offenbar werden, die den bestimmungsgemäßen Gebrauch nicht erfüllen

Nacherfüllungsrecht

Nachbesserung • Ersatz • Preisminderung • Rücktritt: Geld zurück

Zweite Chance

Liegt ein Sachmangel vor, erhebt der Kunde eine **Mängelrüge**. Wenn es sich um einen offenen Mangel handelt, hat diese im zweiseitigen Handelskauf unverzüglich zu erfolgen. Der Händler muss die Waren, die er erhält, also immer auf der Stelle überprüfen.

Demgegenüber steht einem privaten Konsumenten in jedem Fall die Zeit der Gewährleistung zu, also zwei Jahre. Hierbei gilt die Beweislastumkehr: In den ersten 12 Monaten nach dem Kauf muss der Verkäufer beweisen, dass die Sache bei Übergabe frei von Mängeln war. Ansonsten geht das Gesetz davon aus, dass der Sachmangel von Anfang an existierte. Nach den 12 Monaten liegt die Beweislast beim Käufer. Nun muss dieser belegen, dass der Fehler bereits beim Kauf existierte.

Die Bearbeitung einer Reklamation sieht ein zweistufiges Nacherfüllungsrecht vor. Der Verkäufer kann nach dem reformierten Kaufrecht vom 1. Januar 2022 ein Mal den Versuch starten, die Ware **nachzubessern** oder einen **Ersatz** zu liefern. Erfüllt das Produkt dann immer noch nicht das Kriterium des bestimmungsgemäßen Gebrauchs, hat der Käufer das Recht auf **Preisminderung, Schadenersatz** oder **Rücktritt vom Kaufvertrag**, was bedeutet, dass er sein Geld zurückerhält. Nach dem neuen Kaufrecht entfällt im Verbrauchergeschäft die Verpflichtung zur Fristsetzung hinsichtlich Schadenersatzes und Rücktritt vom Kaufvertrag. Dies gilt nicht im unternehmerischen Geschäftsverkehr.

Nacherfüllungsrecht

Nachbesserung • Ersatz • Preisminderung • Rücktritt: Geld zurück

Fehlerhafte Rechnung

Der Kunde beschwert sich über Fehler in einer Rechnung. Was ist zu tun?

Erstens, die sachliche und rechnerische Prüfung der Rechnung; zweitens, die Korrektur und drittens, die Berichtigung der Buchung.

Zur sachlichen Prüfung zählt die Überprüfung von: • steuerlich relevanten Angaben • Menge • Zahlungsbedingungen • Lieferbedingungen • Einzelpreisen • Skonto • Rabatt • Verpackungs- und Versandkosten • sonstigen Vereinbarungen.

Zur rechnerischen Prüfung gehört das Nachrechnen von: Gesamtsumme • Skontobeträgen • Rabattbeträgen • Umsatzsteuerbeträgen • Rechnungsendbeträgen.

Im Beschwerdemanagement kommt es darauf an, den Fall korrekt zu bearbeiten und die rechtliche Grundlage zu kennen. Das Gewährleistungsrecht hast Du bereits kennengelernt. Beachte hierbei die gesetzlichen Regelungen nach dem neu geltenden Kaufrecht. Ein weiteres wichtiges Gesetz betrifft den Verzug des Schuldners.

Nicht-Rechtzeitig-Lieferung
Lieferverzug

3. **Fit in der Kundenbetreuung und Kundenbindung**
3.3 Beschwerdemanagement

Termin geplatzt

Die *Lila Lounge GmbH* sollte einen Kleiderschrank an eine Kundin ausliefern, in weiß, Hochglanz lackiert. Der Möbelhersteller lieferte den Schrank jedoch in schwarz, weil Kevin bei der Bestellung die Produktkennziffern vertauscht hat. Der Austausch in die gewünschte Ausführung dauerte erneut drei Wochen, obwohl der Schrank vereinbarungsgemäß innerhalb von 14 Tagen hätte geliefert werden sollen. Die *Lila Lounge GmbH* befindet sich im **Lieferverzug**, für den auch der Begriff **Nicht-Rechtzeitig-Lieferung** existiert.

Ein Verzug kann auf zwei Arten eintreten, wenn ein Lieferant einen fest vereinbarten Termin verpasst oder wenn er, sollte kein fester Termin vereinbart gewesen sein, eine Mahnung erhält. Das BGB regelt den Lieferverzug wie folgt:

1. Der Verzug liegt automatisch vor, wenn ein Lieferant sein Material oder seine Ware nicht zu einem vereinbarten Termin (Lieferung am 01.10.20...; Lieferung in 10 bis 14 Tagen) liefert. Eine Mahnung ist im Fall „mit Termin" nicht erforderlich. (Vgl. BGB § 286: *1. Einer Mahnung bedarf es nicht, wenn für die Leistung eine Zeit nach dem Kalender bestimmt ist, 2. [...] eine angemessene Zeit für die Leistung in der Weise bestimmt ist, dass sie sich von dem Ereignis an nach dem Kalender berechnen lässt [...])*

2. Haben Käufer und Verkäufer KEIN fixes Datum vereinbart, muss der Käufer eine Mahnung schreiben, um den Verzug auszulösen. Als Stichtag für den Beginn des Verzuges gilt das Datum der Mahnung. (Vgl. BGB § 286: *Leistet der Schuldner auf eine Mahnung des Gläubigers nicht, die nach dem Eintritt der Fälligkeit erfolgt, so kommt er durch die Mahnung in Verzug).*

3. Der Verkäufer verweigert die Lieferung ernsthaft und endgültig.

4. Beide Seiten betrachten aus besonderen Gründen den sofortigen Eintritt des Verzugs als gerechtfertigt.

Nicht-Rechtzeitig-Lieferung
Nachfrist

Noch ein Versuch

Ebenso wie bei der Reklamation gibt es beim Lieferverzug eine zweite Chance, die Nachfrist. Innerhalb dieser Frist kann der Schuldner die Leistung doch noch zu Ende bringen (BGB §§ 280 ff.). Verstreicht der Zeitraum, ohne dass etwas passiert, entsteht ein Anspruch auf Schadensersatz statt der Leistung und die Möglichkeit vom Kaufvertrag zurückzutreten. Der Gläubiger kann die Leistung von einem anderen Unternehmen durchführen lassen und hat ein Recht auf Erstattung der Kosten, die ihm dadurch entstehen.

Gleich welcher Art eine Beschwerde in einem Unternehmen eintrifft und wie ihr weiterer Verlauf ist, es heißt von Anfang an, ruhig bleiben. Ein aufgebrachter Kunde kann eine echte Herausforderung sein. Fühlt er sich jedoch verstanden, bleibt er ein loyaler Partner, wird sein Problem nicht gelöst, ist er weg. Das **Beschwerdemanagement** urteilt im Zweifel für den Kunden. Kundenfreundliche Kommunikation ist geprägt von Freundlichkeit und Offenheit statt Ablehnung, Schuldzuweisung oder Besserwisserei.

Der Teil einer Beschwerde, der den direkten Kontakt zum Kunden betrifft, ist Teil des direkten Beschwerdemanagementprozesses. Der Teil, der in die interne Bearbeitung geht, wird als indirekter Beschwerdemanagementprozess betrachtet.

Beschwerden entgegennehmen
Direkter Beschwerdemanagementprozess

3. Fit in der Kundenbetreuung und Kundenbindung
3.3 Beschwerdemanagement

Kunden zufriedenstellen

Der direkte Beschwerdemanagementprozess ist ein Eins-zu-eins-Mittel zur Kundenbindung – die letzte Chance sozusagen. Ein Unternehmen, das diesen Prozess souverän durchläuft, wird mit glücklichen Kunden belohnt.

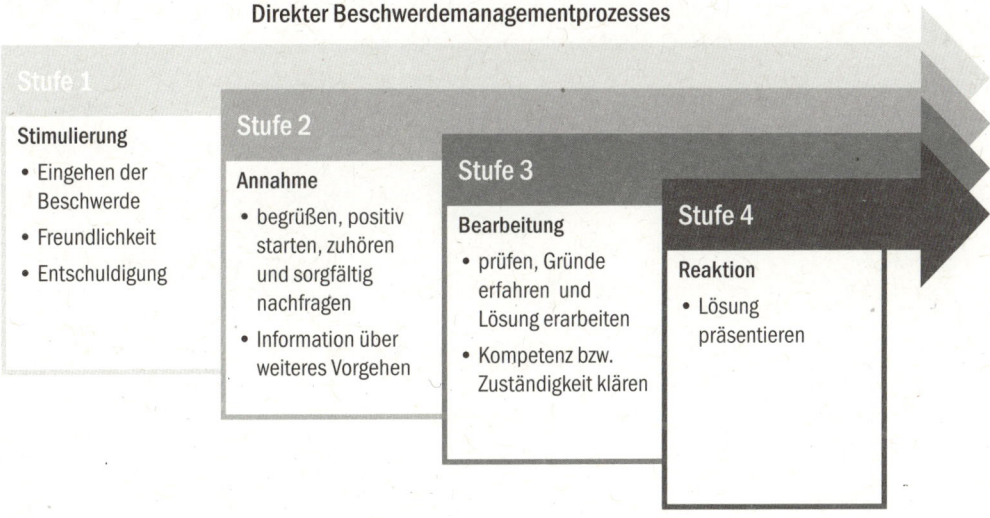

Direkter Beschwerdemanagementprozesses

Stufe 1 – Stimulierung
- Eingehen der Beschwerde
- Freundlichkeit
- Entschuldigung

Stufe 2 – Annahme
- begrüßen, positiv starten, zuhören und sorgfältig nachfragen
- Information über weiteres Vorgehen

Stufe 3 – Bearbeitung
- prüfen, Gründe erfahren und Lösung erarbeiten
- Kompetenz bzw. Zuständigkeit klären

Stufe 4 – Reaktion
- Lösung präsentieren

3. Fit in der Kundenbetreuung und Kundenbindung
3.3 Beschwerdemanagement

Beschwerden entgegennehmen
Indirekter Beschwerdemanagementprozess

Erkenntnisse gewinnen

Der indirekte Beschwerdemanagementprozess steht in unmittelbarer Wechselwirkung mit dem direkten Beschwerdemanagementprozess. Während dieser sich auf die Kundenbindung konzentriert, ist der indirekte Weg das Mittel zur Qualitätssicherung. Wer hiernach verfährt, dem wird ein Licht aufgehen, was zu verbessern ist.

Indirekter Beschwerdemanagementprozesses

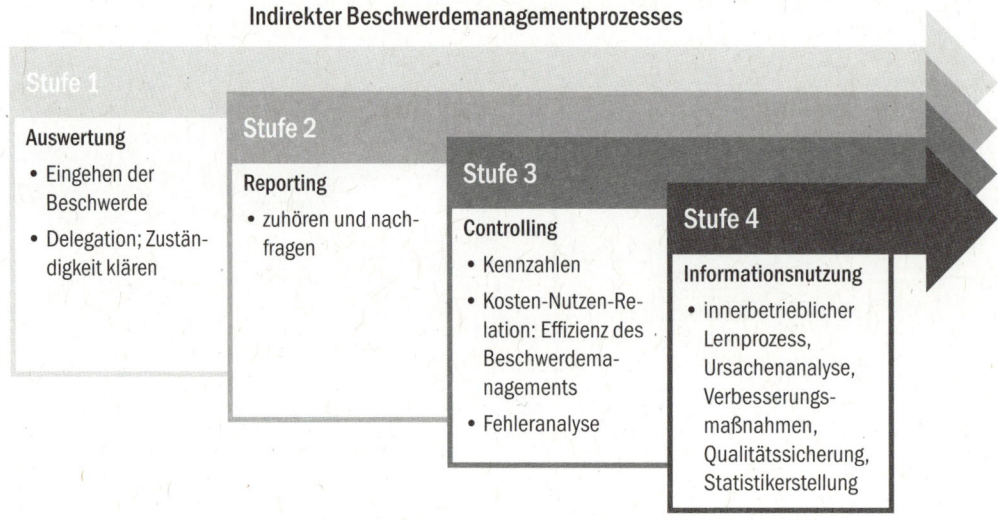

Stufe 1 – Auswertung
- Eingehen der Beschwerde
- Delegation; Zuständigkeit klären

Stufe 2 – Reporting
- zuhören und nachfragen

Stufe 3 – Controlling
- Kennzahlen
- Kosten-Nutzen-Relation: Effizenz des Beschwerdemanagements
- Fehleranalyse

Stufe 4 – Informationsnutzung
- innerbetrieblicher Lernprozess, Ursachenanalyse, Verbesserungsmaßnahmen, Qualitätssicherung, Statistikerstellung

(nach dem Modell des Professors für Dienstleistungsmanagement Dr. Dr. h.c. Bernd Stauss und Beschwerdemanagement-Experte Wolfgang Seidel)

Beschwerden entgegennehmen
Ich-Botschaften • Aktives Zuhören

3. Fit in der Kundenbetreuung und Kundenbindung
3.3 Beschwerdemanagement

Cool bleiben

Der Kunde erwartet Respekt, auch in einer Beschwerdesituation. Für Mitarbeiter im Kundenkontakt bedeutet das, auch in Stressmomenten cool zu bleiben und sich der Kommunikationstechniken, der Ich-Botschaften und des aktiven Zuhörens zu besinnen.

Für eine **Ich-Botschaft** filtert der Mitarbeiter den Punkt heraus, um den es dem Kunden genau geht und signalisiert ihm Handlungsbereitschaft. Er kann das Problem noch einmal sachlich ohne Bewertung wiedergeben und um Verständnis bitten. Indem er keine Kampfposition einnimmt, hat er die Chance die Distanz zum Kunden zu verringern und sein Vertrauen wiederzuerlangen.

Beim **aktiven Zuhören** achtet der Mitarbeiter darauf, nicht zu beschuldigen, zu beschimpfen, zu beschämen, abzulenken oder zu erpressen und ihm keine Meinung aufzuzwängen. Er nimmt die Empfindung des Kunden in vollem Umfang ernst, redet sie ihm nicht aus und zieht sie auch nicht ins Lächerliche.

Vorsicht vor versteckten Du-Botschaften, die dann doch einen Vorwurf beinhalten. Nicht jeder Satz, der mit ich beginnt, mündet in einer echten Ich-Botschaft. Die Fallen:

Ich finde es nicht korrekt, dass Sie...	bedeutet: Sie verhalten sich nicht korrekt.
Ich finde es inkompetent, wenn Sie...	bedeutet: Sie sind inkompetent.
Ich finde es idiotisch, dass Sie...	bedeutet: Sie sind ein Idiot.
Ich möchte erleben, dass Sie pünktlich liefern.	bedeutet: Sie sind unzuverlässig.
Ich sehe das anders.	bedeutet: <u>Sie</u> haben hier die falsche Ansicht.

3. Fit in der Kundenbetreuung und Kundenbindung
3.3 Beschwerdemanagement

Beschwerden entgegennehmen
Gewährleistung • Widerrufsrecht • Kulanz

Rechtliches auf einen Blick

Hannah wird jedes Mal nervös, wenn ein Kunde mit einem Karton der *Lampen Himmel GmbH* das Geschäft betritt und schnurstracks auf die Ladentheke zusteuert. Dann ist klar, es gibt ein Problem und Hannah muss entscheiden, ob es sich um einen Fall für die Gewährleistung, die Garantie oder die Kulanz handelt. Die Unterschiede auf einen Blick:

Gewährleistung

Mangelhafte Ware ist zu ersetzen, ohne Wenn und Aber. Das gesetzlich verankerte Gewährleistungsrecht sieht eine Gewährleistung von zwei Jahren vor. Bei gebrauchten Gegenständen kann die Gewährleistung auf ein Jahr verkürzt werden.

Beim zweiseitigen Handelskauf gilt das HGB, § 377. Hiernach muss der Händler die Ware umgehend prüfen und einen Mangel sofort anzeigen. Sollte sich ein Mangel erst später als versteckter Mangel offenbaren, gilt jedoch ebenfalls die Frist von zwei Jahren. Die Geltendmachung des Rechts nimmt zwei Stufen. Zunächst erhält der Verkäufer ein Nacherfüllungsrecht, in dem er zwei Mal die Möglichkeit erhält die Ware nachzubessern oder zu ersetzen. Lässt er diese Chancen verstreichen kann der Kunde auf Preisminderung bestehen oder vom Kauf zurücktreten.

Widerrufsrecht

Das Widerrufsrecht gilt für alle Käufe im Rahmen von Fernabsatzverträgen (§ 312 BGB) sowie für Kaufverträge, die außerhalb irgendwelcher Geschäftsräume abgeschlossen werden (§ 356 BGB). Es berechtigt zur Zurücksendung der Produkte, die dem Käufer nicht gefallen, auch wenn diese keinen Mangel aufweisen. Die Frist dafür beträgt 14 Tage.

Kulanz

Wenn die Beschwerde rechtlich gesehen nicht als Reklamation im Sinn des Gewährleistungsrechts einzustufen ist, besteht die Möglichkeit einer Regelung aus Kulanz. Sie ist eine freiwillige Leistung eines Verkäufers, der in solchen Fällen die Kosten-Nutzen-Relation abschätzt. Dabei überlegt der Unternehmer, ob er die Kosten des Beschwerdefalls übernimmt im Verhältnis zum Nutzen, den er von dem Kunden noch haben könnte. Er muss dabei bedenken, dass er damit jedoch rechtlich gesehen eine Reklamation anerkennt und das Gewährleistungsrecht erneut gilt. Er kann den Mangel mit dem Hinweis „ohne Anerkennung einer Rechtspflicht" beseitigen.

Ermittlung der Kundenzufriedenheit

Kundenbefragung • Reklamationsquote

Mitten ins Herz

Ob bei der Kundenbindung oder im Beschwerdemanagement gilt: Hauptsache der Kunde ist zufrieden. Er muss dabei mit dem Produkt an sich glücklich sein, sowie mit der Nachbetreuung, also im Fall einer Reklamation oder auch mit eventuellen turnusmäßig folgenden Wartungen. Ob die Maßnahmen der Kundenbindung erfolgreich waren, lässt sich an der **Kundenzufriedenheit** ablesen. Eine Kundenbefragung kann folgende Aspekte beinhalten:

- Lage des Geschäfts
- Verfügbarkeit von Parkplätzen
- Verkaufsraum oder Internetpräsenz
- Erscheinungsbild der Verkaufsmitarbeiter
- Fachkompetenz und Beratung
- Hilfestellung bei Problemen
- Verständlichkeit der Mitarbeiter
- Lieferzeiten
- Sortiment
- Qualität der Produkte
- Erreichbarkeit per E-Mail, Fax und Telefon
- Werbung
- Rabattangebote
- Verkaufsfolge-Management

Die Reklamationsquote zählt zu den wichtigen Kennzahlen der Kundenzufriedenheit: Je weniger Reklamationen, umso zufriedener die Kunden. Sie kann für die gesamte Produktpalette, für einzelne Produktgruppen oder einzelne Lieferungen zu Rate gezogen werden. Dazu wird die Anzahl der reklamierten Produkte x 100 gerechnet und dann durch die Anzahl aller Produkte in einem bestimmten Betrachtungszeitraum, z.B. pro Monat, geteilt. Werden im Lampen Himmel 4 von 100 Lampen reklamiert, liegt die Reklamationsquote bei 4.

Ermittlung der Kundenzufriedenheit
Gründe

Gründe für Unzufriedenheit

Über die Reklamationsquote hinaus müssen die **Gründe** für die Rückgabe Berücksichtigung finden:

- mangelhafte Ware
- falsche Liefermenge
- falsche Ware
- falsche Kennzeichnung der Verpackung
- Kosten-Nutzen-Relation (Erkennt ein Verkäufer eine nicht berechtigte Reklamation aus Kulanz an, ist im Einzelfall zu klären, ob dieser Vorfall in die Reklamationsquote einfließt.)

Optimiert ein Unternehmen diese Prozesse stetig, lassen sich Unternehmensziele kontinuierlich steigern. Eine nicht vorhandene Kundenorientierung würde demgegenüber den Gewinn minimieren. Einem gelungenen Aufbau einer langfristigen Bindung liegt der bewusste Einsatz eines CRM (Customer-Relationship-Management) zugrunde.

Ermittlung der Kundenzufriedenheit
CRM

Interne Maßnahmen zur Kundenbindung

Frühzeitiges Handeln ist der beste Schutz vor einem Imageschaden. Am besten lässt ein Unternehmen es gar nicht erst soweit kommen, dass ein Kunde verärgert ist und seinen Unmut in die Welt trägt und integriert das Kundenbeziehungsmanagement, oder Customer Relationship Management = CRM, fest in die Unternehmensorganisation. Einer Verbesserung liegt immer die umfassende Betrachtung der gesamten Unternehmensstrategie zugrunde.

Ziele des CRM:

- den Kunden als Individuum erkennen
- den Kunden in den Mittelpunkt rücken, nicht das Produkt
- Kundendifferenzierung (z.B. ABC-Analyse)
- niedrige Reklamationsquote
- stärkere Kundenbindung
- höherer Customer Value
- kundenorientierter, auch individuell ausgerichteter Service und Support
- zielgruppenorientierte Marketingmaßnahmen
- kurze Reaktionszeiten
- Neukundengewinnung
- Kostenreduktion
- bedürfnisorientierte statt standardisierte Lösungen

Kundenservice
GAP-Modell

Die Analyse der Servicequalität

Wenn Kunden abwandern, ist das ein eindeutiges Zeichen für ihre Unzufriedenheit. Die vielen kleinen, teuflischen Impulse, die dazu geführt haben, lassen sich jedoch durch die ständige Analyse der Servicequalität ausmerzen. Eins der gängigen Instrumente ist das GAP-Modell (der Wirtschaftswissenschaftlerin Valarie Zeithaml und der Marketingprofessoren Ananthanarayanan Parasuraman und Leonard L. Berry). Die Spannungsfelder („Gaps" = Lücken) entstehen durch Diskrepanzen zwischen den Kundenerwartungen an die Servicequalität und der tatsächlichen Umsetzung durch das Unternehmen.

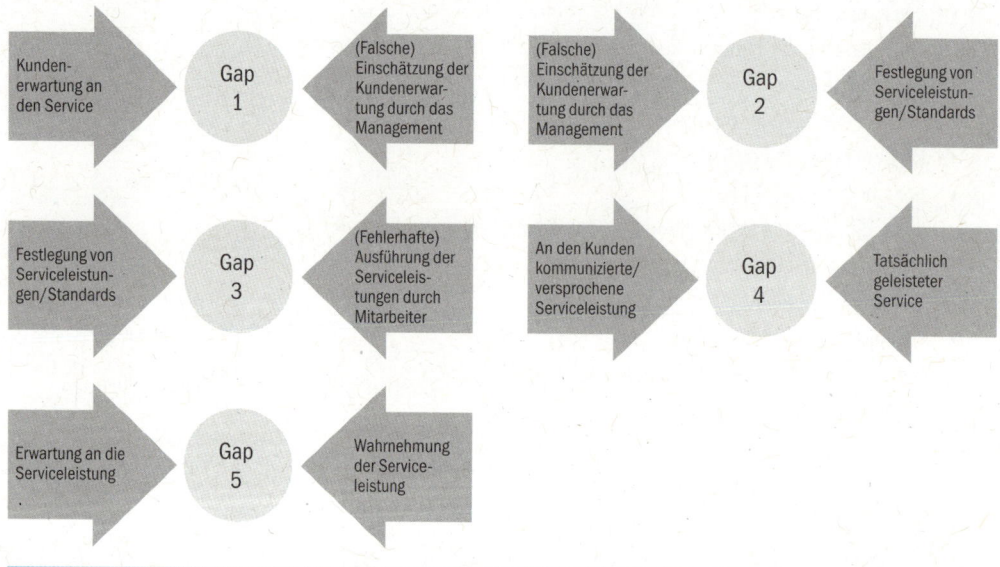

Kundenservice
GAP-Modell

Die Analyse der Servicequalität

Das Gap-Modell legt Diskrepanzen auf verschiedenen Ebenen offen und entlarvt die Lücken, die im Service entstanden sind. Es besteht aus einem Fragenkatalog, um diese Stellen genau zu identifizieren.

1. Welchen Service erwartet der Kunde? ⇔ Was denkt das Management, welchen Service der Kunde erwartet?

    Stimmt die Erwartung des Kunden mit dem überein, was das Management denkt, was der Kunde will?
    Der erwartete Service beruht auf Empfehlungen, persönlichen Bedürfnissen und bisherigen Erfahrungen.

2. Was denkt das Management, welchen Service der Kunde erwartet? ⇔ Wie werden die Vorgaben bezüglich der Servicequalität umgesetzt?

    Stimmt das, was das Management denkt, welche Erwartungen der Kunde hat, mit den Normen für die Servicequalität überein?

3. Wie sieht das vorgegebene Ziel für die Servicequalität aus? ⇔ Wie ist die Qualität des tatsächlich stattgefundenen Service?

    Stimmen Normen und tatsächlich stattgefundener Service überein?

4. Welche Information hat der Kunde vorab über den Service erhalten? ⇔ Wie sah die tatsächliche Umsetzung der Dienstleistung aus?

    Was hat der Dienstleister versprochen? Und hat er sein Service-Versprechen gehalten?

5. Welche Erwartungen wurden beim Kunden geschürt? ⇔ Inwieweit konnten die Erwartungen erfüllt werden?

Lücken stopfen heißt es also immer wieder, damit die Kunden den Service erhalten, den sie sich versprechen.

3. Fit in der Kundenbetreuung und Kundenbindung
3.4 Kundenzufriedenheit

Reklamationsquote
PRAXIS

PRAXIS: Übung 24

Bei den Lampen-Lieferanten der *Lampen Himmel GmbH & Co. KG* läuft etwas schief. Im August sind 20 Reklamationen zu verbuchen. In diesem Monat sind 10 Lieferungen mit insgesamt 500 Positionen eingetroffen. Zu 20 Positionen musste *Lampen Himmel* Reklamationen aussprechen. Der gesamte Einkauf lag bei 300.000 Euro.

A) Berechne die Reklamationsquote im Wareneingang.
B) Wie kann das Vorgehen mit den Lieferanten aussehen?

Hier ist Platz für Deine Notizen. Einen Lösungsvorschlag findest Du am Ende des Buchs.

Prüfungstipp von Emir

Wenn Du eine solche Aufgabe in Deinem Ausbildungsbetrieb durchführen musstest, kann sie ein Thema für Deinen Report sein. Halt Dich an die u-form PLUS 15-Punkte-Checkliste!

Fit für die Prüfung!

Herzlichen Glückwunsch an Lea, Kevin, Hannah und Emir! Und auch an Dich.

Du bist nicht nur fit im Kundengespräch, sondern auch für den Auftritt vor der IHK. Du hast Dir einen ordentlichen Grundstock an Wissen angeeignet, der Dich zu einem Experten in Marketing und Vertrieb macht. Nun bist Du bestens ausgestattet, um in der Prüfung mit Sinn und Verstand eine Fachaufgabe zu dieser Wahlqualifikation bearbeiten zu können oder den Report über eine betriebliche Fachaufgabe schreiben zu können. So wie Du in Deinem Beruf durch Organisationsstärke bestichst, wirst Du auch vor dem Prüfungsausschuss mit einer gut strukturierten Vorgehensweise und Selbstsicherheit überzeugen.

Viele Bausteine aus diesem Modulheft sind für Deinen Report, wenn Du ihn im Marketing und Vertrieb schreibst, nützlich. Baue den Report nach der folgenden Struktur auf:

- Erkläre die Ausgangssituation: Worum geht es in der betrieblichen Aufgabe, die Du durchführen sollst? Wie ist die Ist-Situation? Formuliere zudem das Ziel! Was soll erreicht werden?
- Beschreibe die Planungsphase. Welche Schritte sind zu berücksichtigen? Was musst Du vorbereiten? Wäge Lösungsmöglichkeiten gegeneinander ab und nenne Vor- und Nachteile, die sich daraus für das Unternehmen sowie den Kunden/die Kunden ergeben.
- Stelle die Durchführung der Aufgabe dar. Für welche Lösung entscheidest Du Dich? Begründe den Entschluss und schildere die Umsetzung. Läuft alles nach Plan? Denk in diesem Abschnitt auch an rechtliche Rahmenbedingungen, Umweltaspekte und beteiligte Personen.
- Zum Schluss nimmst Du eine Kontrolle vor und bewertest die Durchführung und das Ergebnis. Hast Du das Ziel erreicht? Was lässt sich in Zukunft verbessern? Benenne Probleme und schlage Lösungen vor.

Anhang

Und wenn die Prüfung geschafft ist, nimmst Du Dein Wissen mit in den Beruf, wo jeden Tag ein bisschen mehr Praxiserfahrung oben drauf kommt. Von nun an hast du den Markt genau im Visier und kannst im richtigen Moment die entscheidenden Hebel ziehen.

Ob Marketingmaßnahme, Vertriebswege oder Kundenbindungsmaßnahme – wie die Fachaufgabe für die WQ-Prüfung auch ausfallen mag oder welches Thema Du für den Report wählst – Du schaffst das!

Wir wünschen Dir viel Glück!

Dein u-form PLUS - Team

Abkürzungsverzeichnis

BEP	Break-even-Point	SEO	Suchmaschinenoptimierung (engl. *search engine optimization*)
bzgl.	bezüglich		
bzw.	beziehungsweise	u.U.	unter Umständen
CI	Corporate Identity	u.a.	unter anderem
CRM	Customer Relationship Management	vgl.	vergleiche
		WQ	Wahlqualifikation
d.h.	das heißt		
etc.	et cetera („und so weiter")	z.B.	zum Beispiel
SCRM	Social Customer Relationship Management	zzgl.	zuzüglich

Fremdwörterlexikon

Analyse	Untersuchung der Bestandteile	Multichannel	mehrere Kanäle
Definition	Bestimmung, das Wesen einer Sache	Prinzip	Gesetzmäßigkeit, Allgemeingültigkeit, Grundlage
differenzieren	in Einzelheiten abstufen		
Diskrepanz	Missverhältnis, Widerspruch	Prognose	Vorhersage
Diversifikation	Ausweitung, Veränderung, Vielfalt	Recherche	Nachforschung
Eliminierung	Beseitigung, Auslöschung	relevant	wichtig
Innovation	Neuheit	rentabel	lohnend, gewinnbringend
Kompetenz	Fähigkeit	Ressource	Quelle, Mittel
Management	Leitung	Statistik	Wissenschaft der zahlenmäßigen Erfassung
Modifikation	Abwandlung, Abänderung		

Deine Notizen

Lösungen

Deine Notizen

Übung 1

A) Quantitativ betrifft immer eine Menge. In diesem Fall Umsatz, Gewinn, Deckungsbeitrag, Kosten, Wachstum oder Marktanteile. Demgegenüber beziehen sich qualitative Merkmale auf die Beschaffenheit, auf die Eigenschaft oder auch eine Wertigkeit. Als qualitative Marketingziele sind zu nennen: Service, Qualität, Image, Bekanntheit, Kundenloyalität oder psychologische Ziele.

B) Produktinnovation, Produktdiversifikation, Produktdifferenzierung, Produktmodifikation oder -variation und Produkteliminierung.

C) Sortimentsbreite bezeichnet die Anzahl der Warengruppen, Sortimentstiefe die Vielfalt an Artikeln innerhalb einer Warengruppe.

Übung 2

2 Kommunikationspolitik:
Die *PRIMA Kölsch Privatbrauerei GmbH & Co. OHG* veranstaltet einen Tag der offenen Tür.

3 Distributionspolitik:
Die *Lila Lounge GmbH* bietet die Sofa-Serie *Potatoe* neuerdings auch im Internet an.

1 Preispolitik:
Die *Lampen Himmel GmbH & Co. KG* gewährt im Sale einen Rabatt von 5 % auf alles.

4 Produktpolitik:
Second Sight Ltd. bietet neben Unternehmenssoftware nun auch Leads an.

Übung 3

A) Die Brauerei benötigt Informationen über Konsumenten und Konkurrenz (= Konkurrenzanalyse).
Konsumenten: Interessen, Kaufverhalten, Veränderung des Kaufverhaltens, Informationsgrad, Einstellungen

B) Die Marke kennzeichnet ein Unternehmen oder ein Produkt und macht es unverkennbar. Der Markenname ist differenzierend, d.h. nur das Biermischgetränk der *PRIMA Privatbrauerei* trägt den Namen Lemon-Meschong. Nachfrager, die der Marke PRIMA treu sind, bleiben bei der Auswahl eines Mischgetränks eher ihrer Marke treu und wählen die PRIMA Lemon-Meschong anstelle eines Konkurrenzprodukts.

C) Das Logo der *PRIMA Privatbrauerei* wird zur Identifikation, zur Präsentation, zur Information und zum Schutz des Produkts auch auf dem neuen Mischgetränk zu sehen sein. Über den Slogan und passende Farben wird ein unbeschwertes Urlaubs- und Lebensgefühl vermittelt.

Übung 4

A) Es liegt ein Nachfrageüberhang vor (Antwort 3).

B) Auf einem Käufermarkt (Angebot > Nachfrage) existiert eine große Konkurrenz und ein Unternehmen kann mit enormen Marktwiderständen rechnen. Zudem sinkt der Preis und es sind Marketingaktivitäten nötig. Auf dem Verkäufermarkt (Nachfrage > Angebot) sind stabile Preise oder auch Preissteigerungen vorzufinden, aufwendige Marketingmaßnahmen sind eher nicht nötig. Hier ist ein Nachfrageüberhang zu erkennen.

Übung 5

A) Hier sollten direkte Vertriebswege ausgebaut werden.

B) Hier ist der indirekte Vertriebsweg sinnvoll.

Übung 6

A) Neben dem indirekten Vertriebsweg über den Groß- und Einzelhandel ist auch ein Direktvertrieb, beispielsweise direkt ab der Brauerei oder von einem eigenen Internet-Shop aus möglich. Möglich ist zudem eine überregionale Ausweitung.

B) Preisveränderungen, Produktvariationen, neue Werbemaßnahmen

Übung 7

A) Hier eine Auswahl möglicher Fragen:
Wie alt sind Sie?
Wie ist Ihre Beteiligung am Berufsleben?
Wie hoch ist Ihr Haushaltsnettoeinkommen?
Wie ist Ihr Familienstand?
Wo wohnen Sie?
Interessieren Sie sich für Möbeldesign? Ja oder nein
In welchem Wohnstil wohnen Sie? konservativ, romantisch, modern oder bunt gemischt?
Wie wichtig ist Ihnen Qualität? Sehr wichtig, mittel, nicht wichtig
Informieren Sie sich im Internet?
Orientieren Sie sich im Internet an den Bewertungen anderer Kunden? Ja oder nein
Wie wichtig sind Ihnen Nachhaltigkeitsaspekte? Sehr wichtig, mittel, nicht wichtig
Was können wir tun, um uns zu verbessern?
Was macht uns besonders?
Warum kaufen Sie bei uns und nicht woanders?
Warum kaufen Sie woanders und nicht bei uns?
Was würden Sie ändern?
Was können wir besser machen?

B) 1. Aus dem Fragebogen lässt sich eine **Zielgruppenanalyse** erstellen.
2. Die Kundenantworten zeigen, wo **Verbesserungsbedarf** herrscht, z. B.:
   – Lieferzeiten und Service verbessern
   – Alleinstellungsmerkmale vermehrt betonen
   – Konkurrenzanalyse mit genannten Unternehmen erstellen
   – sinnvolle Änderungen durchführen

Übung 8

„Online" ist die richtige Antwort.

	lange Dauer	mittlere Dauer	kurze Dauer
hohe Kosten	persönlich		
mittlere Kosten		telefonisch	
geringe Kosten			online

Übung 9

Jahr	Absatz in hl
2020	500 000
2021	480 000
2022	490 000
2023	450 000
2024	425 000

Lea berechnet zuerst die zu erwartende Absatzmenge für 2025, indem sie das arithmetische Mittel ausmacht:
(500 000 + 480 000 + 490 000 + 450 000 + 425 000) : 5 = 469 000 hl

Tatsächlich liegt die abgesetzte Hektoliter-Menge 2025 bei 420 000. Lea streicht die erste Zahl und setzt hinten die Menge für 2025 ein. Daraus ergibt sich eine zu erwartende Absatzmenge von 453 000 hl PRIMA Kölsch.
(480 000 + 490 000 + 450 000 + 425 000 + 420 000) : 5 = 453 000 hl

Nun setzt sie den Faktor von 0,8 zur Glättung ein. Danach liegt die Prognose für 2026 bei 429 800 hl.
469 000 + 0,8 (420 000 − 469 000) = 469 000 + 0,8 x − 49 000 = 429 800 hl
(Hilfsrechnung: 0,8 x − 49 000 = − 39 200; entspricht: 469 000 − 39 200 = 429 800)

Übung 10

A) Das **Marktpotential**, also die Aufnahmefähigkeit des Markts, beträgt laut Aussage des Marketingleiters weitere 5 Prozent.

79 490 000 x 1,05 = **83 464 500 hl**

Das **Marktvolumen** ist der tatsächliche Absatz der gesamten Branche, hier **79,49 Millionen Hektoliter**.

Das **Absatzvolumen** benennt den tatsächlichen Absatz der Produktgruppe Bier der *PRIMA Kölsch Privatbrauerei GmbH & Co. OHG*. Dieses liegt bei **680 000 hl**.

Der absolute **Marktanteil** liegt bei **0,86** Prozent. Die Rechnung:

$$\frac{680\ 000}{79\ 490\ 000} \times 100 = 0,86$$

B) Der Marktsättigungsgrad liegt bei **95,24** Prozent. Das heißt, 95,24 Prozent aller potentiellen Nachfrager von Bier haben dieses auch tatsächlich gekauft. Die Rechnung:

$$\frac{79\ 490\ 000}{83\ 464\ 500} \times 100 = 95,24$$

Übung 11

A) Die Bezeichnung als Premiumprodukt und die Einzigartigkeit spricht für eine Hochpreisstrategie.

B) Produktdiversifikation

Übung 12

Soziodemografisch:
- Sie sind zwischen 25 und 49 Jahre alt.
- Sie sind berufstätig. Ihr Gehalt liegt bei 3.000 Euro und mehr.
- junge Erwachsene, Paare ohne Kinder
- Nielsen-Ballungsräume liegen in Hamburg, Berlin/Potsdam, Rhein-Ruhr, München.

Psychografisch:
- Nachhaltigkeitsgedanke ist wichtig.
- Die Kunden interessieren sich für Möbeldesign.
- Sie haben den Wunsch nach einem modernen zu Hause.
- Sie sind qualitätsbewusst.

Verhalten:
- Sie nutzen das Internet, um sich über Möbel zu informieren.
- Der Produktpreis ist nachrangig.

Übung 13

A) AdViews, Ad-Clicks, Visits, Page Impressions, Unique Users

B) Android (z.B. Samsung), iOS (Apple), Windows (Microsoft)

Übung 14

Die Kölner Brauerei kann das Internet in vielerlei Hinsicht nutzen:
- Social Media zur Informationsgewinnung über Kaufinteressen und Kaufverhalten
- als Basis für Direktmarketing, z.B. ein eigener Internet-Shop
- Informationen über die Konkurrenz erhalten
- Verkauf über Affiliate-Partner

Zur Kommunikation stehen folgende Möglichkeiten zur Verfügung:
- Corporate Identity beim Webdesign berücksichtigen
- Display-Marketing
- E-Mail-Marketing
- Keyword-Advertising
- Content Marketing
- Suchmaschinenoptimierung (SEO)
- Affiliate-Marketing
- Video-Marketing (z.B. auf youtube, myvideo, vimeo, Instagram)
- On-Page-Optimierung
- Web-Usability (Benutzerfreundlichkeit)
- Suchmaschinenmarketing (SEM)
- Preissuchmaschinen Marketing (z.B. idealo.de, guenstiger.de, geizhals.de)

Übung 15

A) Stärken: hervorragende Qualität der Produkte
große Akzeptanz am Standort Köln

Schwächen: fehlende Innovationen; Mitbewerber sind besser
bisher nur Vertrieb über Groß- und Einzelhandel

B) Chancen: neue, konkurrenzfähige Biermischgetränke entwickeln, freies Lebensgefühl betonen, junge Zielgruppe ansprechen, neue Vertriebswege eröffnen, existierenden Bedarf nutzen

Gefahren: keine Wettbewerbsfähigkeit bei Biermischgetränken
beschränkte Vertriebswege, festgefahrene Vertriebspolitik

Übung 16

A) Deckungsbeitrag pro Stück = VK netto - variable Kosten
   700,00 Euro – 550,00 Euro = **150,00 Euro**

B) Gesamtdeckungsbeitrag = Absatzmenge x Deckungsbeitrag pro Stück
   3 000 x 150,00 Euro = **450.000 Euro**

C) Mögliche Gründe:
   - Ein Unternehmen produziert ein Produkt, weil es dem Prestige oder der Imagebildung dient.
   - Es handelt sich um ein zukunftsträchtiges oder richtungsweisendes Produkt.
   - Das Unternehmen erhofft sich Folgeaufträge oder kurbelt den Verkauf zusätzlicher Komponenten an, die einen hohen Deckungsbeitrag nach sich ziehen.
   - Die Kundenbindung an ein Produkt ist so groß, dass eine Eliminierung dem Unternehmen schaden könnte.
   - Das Produkt ergänzt andere Produkte aus dem Programm sinnvoll (Komplementärprodukt), so dass es häufig im Verbund angefragt wird.

Übung 17

A) $\dfrac{10\,000}{(15{,}12 - 6)} = 1\,096{,}49$ Stück

B) Bei einem Verkauf von 1 097 Kisten sind die Kosten gedeckt, oder anders gesagt, liegt der Gewinn bei 0. Ab einem Verkauf von 1 098 Kisten macht die *PRIMA-Brauerei* Gewinn. Es müssen folglich noch 98 Kisten verkauft werden. Die gute Nachricht für den Brauereichef: Da pro Tag durchschnittlich 33,33 Kisten verkauft wurden, ist die Gewinnschwelle voraussichtlich in drei Tagen erreicht.

Übung 18

Prinzip: Beim Couponig erhalten Kunden und potentielle Kunden Preisnachlässe, eine Zugabe oder eine zusätzliche Menge.

Lea hat folgende Ideen:

- Nachlass auf Eintrittspreise bei Veranstaltungen/Festivals, bei denen die PRIMA-Brauerei Getränkelieferant ist
- Gutschein für einen Flaschenöffner bei Kauf eines Sixpacks
- 10 % Rabatt auf die komplette Kiste
- Gutscheincodes in die Kronkorken eindrucken – eine Flasche gratis bei Abgabe von 10 Kronkorken

Wege:

- Zeitung
- E-Mailing
- Platzierung auf Coupon-Internetseiten
- Ausgabe von Coupons an den Verkaufsstellen
- Eindruck in die Kronkorken, auf die Verpackung etc.

Übung 19

Öffentlichkeitsarbeit dient dem Ausbau der Marke und vergrößert die Bekanntheit der *Lila Lounge GmbH*. Zudem erhalten die Nachfrager Informationen über das Unternehmen und nehmen ein positives Gesamtbild wahr. Gegenüber klassischer Werbung wirkt die PR unter Umständen glaubwürdiger, da sie Inhalte vermeintlich neutral vermittelt. Die PR wirkt nicht nur auf die Kunden, sondern auch auf mögliche Kooperationspartner, Lieferanten oder Investoren. Darüber hinaus sind PR-Maßnahmen weit weniger kostspielig. Im Speziellen lässt sich das Internet gut für Öffentlichkeitsarbeit nutzen.

Übung 20

A) 1. Kundennutzen schaffen: Zufriedene Kunden kaufen gerne (wieder) bei *PRIMA* und empfehlen das Unternehmen weiter.

2. Mitarbeiterförderung: Mitarbeiter, die wertgeschätzt werden und eigene Ideen einbringen dürfen, sind motivierter, arbeiten produktiver und sind seltener krank.

3. Prozesse managen: Optimierte Arbeitsabläufe sparen Zeit und Kosten.

4. Nachhaltigkeit: Engagement in Sachen Umweltschutz und Nachhaltigkeit hinterlässt einen positiven Eindruck in der Öffentlichkeit.

B) Visionen haben, Zukunft gestalten, als Vorbild in Erscheinung treten, ethische Grundsätze vermitteln, flexibel sein, Unternehmenskultur vorleben, Vertrauen schaffen, Erhalt und Erfolg des Unternehmens mit einer an Kunden und Partnern orientierten Strategie sicherstellen

Übung 21

A) Haben Sie den „Lampen Himmel" als Marke wahrgenommen?
   Haben Sie den Slogan gelesen?
   Haben Sie den Text gelesen?
   Kennen Sie den „Lampen Himmel"?
   Möchten Sie unsere Produkte kennenlernen?
   Kommen Sie in unser Geschäft?
   Besuchen Sie unsere Homepage?
   Ist das Plakat ästhetisch gestaltet?
   Liefert das Plakat für Sie nützliche Informationen?
   Können Sie einen Nutzen erkennen, den der „Lampen Himmel" Ihnen bietet?
   Erhalten Sie neue Informationen?
   Interessieren Sie sich für die Produkte des „Lampen Himmels"?

B) Recall-Test (= Erinnerungstest): Der Proband wird mit einer Marke konfrontiert und muss seine Eindrücke danach frei wiedergeben. Z.B. Nennen Sie alle Lampen-Marken, die sie kennen.

   Recognition-Test (=Wiedererkennungstest): Dem Probanden wird eine Werbung, z.B. eine Anzeige oder ein Logo, präsentiert und er muss beantworten, ob er sie wiedererkennt. Kennen Sie Lumino Light? Kennen Sie POP Licht? Kennen Sie den „Lampen Himmel"?

Der Unterschied liegt folglich in der Wiedergabe frei aus dem Kopf und dem Wiedererkennen anhand einer Vorlage.

Übung 22

Qualität:
- lange Lebensdauer des Produkts
- benutzerfreundliche Bedienung
- lange Garantie
- neueste Technologie
- zusätzliche Funktionen
- Luxusartikel
- Alleinstellungsmerkmale

Preis:
- günstigster Preis
- gute Finanzierungsmöglichkeit
- verlängerte Zahlungsziele
- Skonto
- Rabatt

Service:
- Fachkompetenz in der Beratung
- kommunikative Stärke (aktives Zuhören) in der Beratung
- freundliche Mitarbeiter
- Lösungsvorschläge anbieten; bzw. gemeinsam erarbeiten
- geringe Wartezeiten
- kurze Lieferzeit
- telefonische Erreichbarkeit

Übung 23

Checkliste Kundengespräch	
Ich habe Zeit für den Kunden.	Ich unterstütze meine Worte durch eine angemessene, ruhige Gestik.
Ich bin geduldig und höre zu.	Ich respektiere kulturelle Besonderheiten.
Ich versuche mich nicht stören zu lassen.	Ich beherrsche die Argumentations- und Fragetechniken und kann sie im richtigen Moment anwenden.
Ich schaffe eine angenehme Gesprächsatmosphäre.	Ich glänze durch Fachkompetenz.
Ich benutze keine Floskeln.	Ich kann einen zeitlichen Rahmen einhalten.
Ich gehe auf die Wünsche des Kunden ein.	Ich vermittle Offenheit und Ehrlichkeit.
Ich greife seine Vorschläge auf.	Ich akzeptiere eine andere Meinung.
Ich erkenne das Problem und erarbeite gemeinsam mit ihm eine Lösung.	Ich repräsentiere meinen Betrieb auf positive Weise.
Ich folge einem roten Faden.	Ich passe meine Stimme mit Tonfall, Sprechtempo, Lautstärke, Pausen und Sprachmelodie der Gesprächssituation an.
Ich suche Augenkontakt ohne zu Starren.	Ich verwende eine verständliche, sinnvolle Sprache.
Ich bin dem Kunden zugewandt.	Ich kann passende Ergebnisse anbieten.

Übung 24

A) Die Reklamationsquote liegt bei 4 Prozent.
Die Rechnung: $\frac{20}{500} \times 100 = 4\,\%$

B) Gespräche suchen
Kostenübernahmen klären
Verbesserungsmaßnahmen einfordern

Deine Notizen

Deine Notizen

Deine Notizen

Deine Notizen